JN077275

はじめての国際相続

その着手と税務

税理士法人ゆいアドバイザーズ
中山 史子

清文社

はじめに

一般の税理士にとって、相続税申告は年に一度あるかないかの実務案件です。したがって不慣れなことが多いのですが、その不慣れな相続税案件に、さらに、遺産に海外財産が含まれていたり、海外に相続人が居住していたりすると、どのような課税関係となるのか、またそれ以前に相続のための手続をどう進めていけばよいのか悩むことになります。筆者のもとに寄せられる相談も「国際相続だが、どこから着手したらよいのか分からない」というものが多いです。

また、相続に関する税務申告は、相続税のみならず、所得税の準確定申告も含まれ、限られた期間で申告を行わなければなりません。国際相続の場合は、そこに国外転出時課税が加わることもありますので、不慣れな国際相続にあって、いっそう期間の制約が厳しくなります。

本書は、特にはじめて国際相続を受任する税理士を読者として想定し、“短い時間で国際相続に必要な事項を理解するため”に、相続のパターンを示して、直面した相続の事案に当てはまる個所を辿ることで、効率よく的確な実務の手助けができる実務書として編集しました。つまり、本書は、通読を前提として解説するものではなく、関与される国際相続のパターンに必要な箇所だけを読んでいただけば足りるスタイルをとっています。

そのため、まず「プロローグ　国際相続の基礎知識～本書のご利用にあたって」をご覧いただき、「よくある国際相続の４パターン」のどのパターンに該当するかをご確認いただくことで、どこの解説に当たればよいかが分かる仕組みとなっています。

もちろん、本書を通読していただければ、国際相続の全体像と必要な実務を把握することができます。

なお、本書は、日本の相続税と所得税を中心に扱っていますが、遺産の相続手続や、外国の相続税も第１章、第３章、第４章にまとめています。国際相続では、これらの分野は弁護士等の他の専門家に任せることになりますが、その際に、これらの基礎知識があれば、他の専門家とのスムーズな連携が可能になります。

本書は「税理士新聞」（エヌピー通信社）における筆者の連載「令和時代の必須スキル　国際相続の基礎知識」（令和２年10月～令和３年５月）を一部転用しています。刊行にあたり、編集長の常名孝央様には大変お世話になりました。この場を借りて御礼申し上げます。

本書が、身近になった国際相続を扱う税理士、会計事務所職員の一助となれば幸いです。

令和４年１月

税理士　中山　史子

目 次

プロローグ 国際相続の基礎知識
～本書のご利用にあたって

第1章 日本に所在する財産の相続手続

第6章 国際相続に伴う日本の所得税

【凡例】

本書で使用している法令通達の略称は、以下のとおりです。

通則法	国税通則法
通則令	国税通則法施行令
通基通	国税通則法基本通達
所法	所得税法
所令	所得税法施行令
所基通	所得税基本通達
相法	相続税法
相令	相続税法施行令
相規	相続税法施行規則
相基通	相続税法基本通達
評基通	財産評価基本通達
措法	租税特別措置法
措令	租税特別措置法施行令
措規	租税特別措置法施行規則
措通	租税特別措置法関係通達
地法	地法税法
日米相続税条約の実施に伴う相続税法の特例法	遺産、相続及び贈与に対する租税に関する二重課税の回避及び脱税の防止のための日本国とアメリカ合衆国との間の条約の実施に伴う相続税法の特例等に関する法
日米相続税条約実施省令	遺産、相続及び贈与に対する租税に関する二重課税の回避及び脱税の防止のための日本国とアメリカ合衆国との間の条約の実施に伴う相続税法の特例等に関する法律の施行に関する省令
実施特例省令	租税条約等の実施に伴う所得税法、法人税法及び地方税法の特例等に関する法律の施行に関する省令
復興財確法	東日本大震災からの復興のための施策を実施するために必要な財源の確保に関する特別措置法

＊本書の内容は、令和４年１月１日現在の法令等に依っています。

プロローグ

国際相続の基礎知識

～本書のご利用にあたって

I　国際相続とは

「国際相続」とは、国をまたぐ相続をいいます。
専門用語ではなく、一般的な用語です。

例えば、次のようなケースの相続です。

- ●被相続人や相続人・受遺者に、外国籍の者がいる場合の相続
- ●被相続人や相続人・受遺者に、海外居住者がいる場合の相続
- ●相続財産が国外にある場合の相続

次の図でイメージしてみてください。

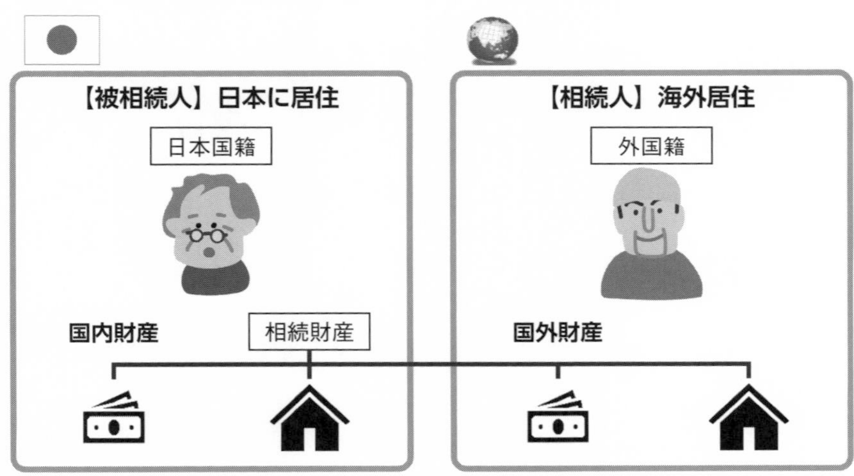

本書では、日本国籍のある人を「日本人」といい、日本国籍がなく外国籍である人を「外国人」といいます。

Ⅱ　国際相続の取組み方～専門家の連携プレー

国際相続は、財産や関係者が所在する各国の相続法（日本では民法）や税法の専門家が連携して取り組みます。

自分の専門分野以外については、その分野の専門家を、知り合いの弁護士や税理士に紹介してもらったり、顧客に心当りがないかを聞いたりして探します。

■財産の相続手続

■日本に所在する財産の相続手続
⇒日本の司法書士

■海外に所在する財産の相続手続
⇒海外の弁護士、公証人

■相続税の申告納税手続

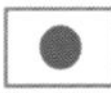

■日本の相続税申告・納税
⇒日本の税理士

■海外の相続税申告・納税
⇒海外の弁護士など

Ⅲ　日本の相続税の課税範囲

被相続人や相続人の居住地や国籍により、日本の相続税の課税財産の範囲が異なります。課税財産の範囲は、一つの相続でも、相続人ごとに異なります。

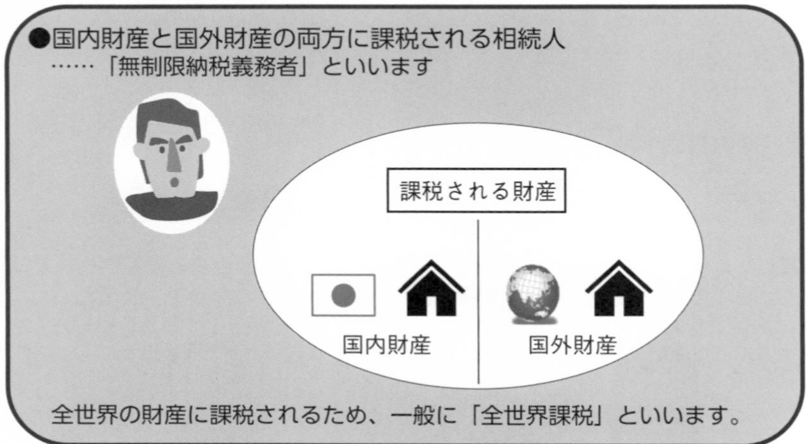

●国内財産と国外財産の両方に課税される相続人
……「無制限納税義務者」といいます
課税される財産
国内財産
国外財産
全世界の財産に課税されるため、一般に「全世界課税」といいます。

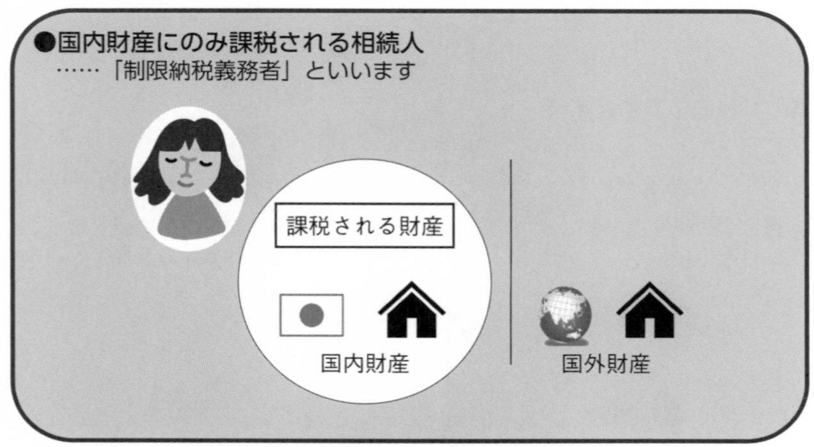

Ⅳ 相続に関する日本の税務のスケジュール

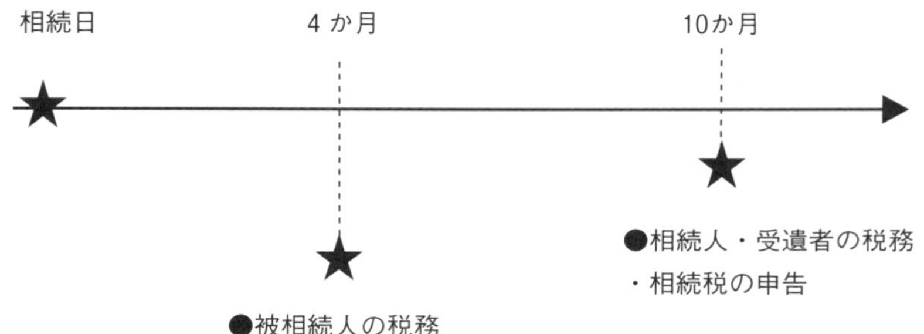

＊国外転出（相続）時課税とは（第５章で詳解）

⑴　国外転出（相続）時課税が課税されるとき

次の３つ全てに該当する場合は、国外転出（相続）時課税が生じます。

①　被相続人が日本に居住

②　相続財産に１億円以上の有価証券等の対象資産がある

③　相続人に海外居住者がおり、有価証券等を相続した（相続財産が未分割のときを含む）

⑵　国外転出（相続）時課税の課税概要

上記①～③のすべてに該当する場合には、被相続人が、海外居住者である相続人が相続した分の有価証券等を、相続時に時価により譲渡したものとみなし、みなし譲渡益が計算されます。

そのみなし譲渡益に譲渡税（15.315％の所得税）が課税され、被相続人の準確定申告において申告・納付をしなければなりません。

なお、国外転出（相続）時課税の対象となった有価証券等にも、当然に相続税が課税されます。

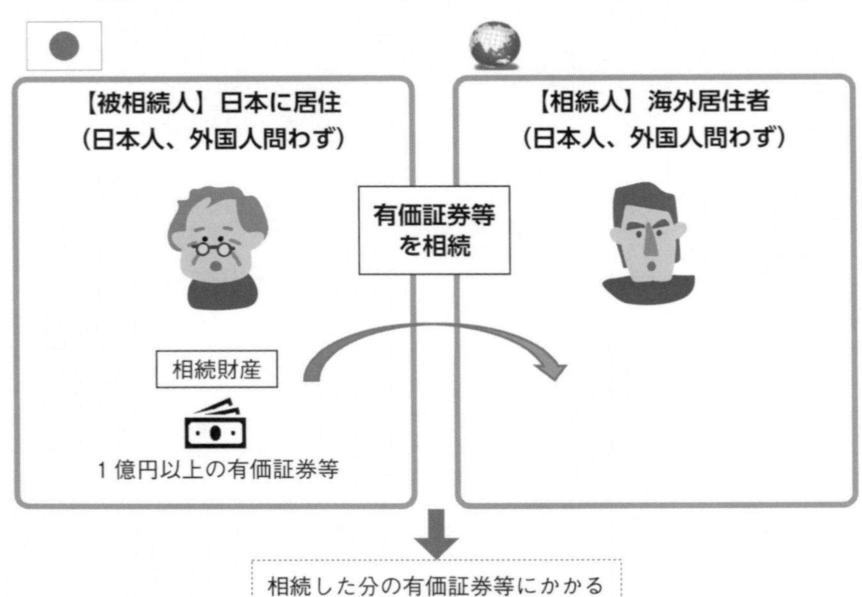

相続した分の有価証券等にかかるみなし譲渡益に対する譲渡税が被相続人に課税される

V よくある国際相続のパターンと手続・税務

■パターン 1　被相続人 日本人・日本に居住　相続人 日本人・海外に居住

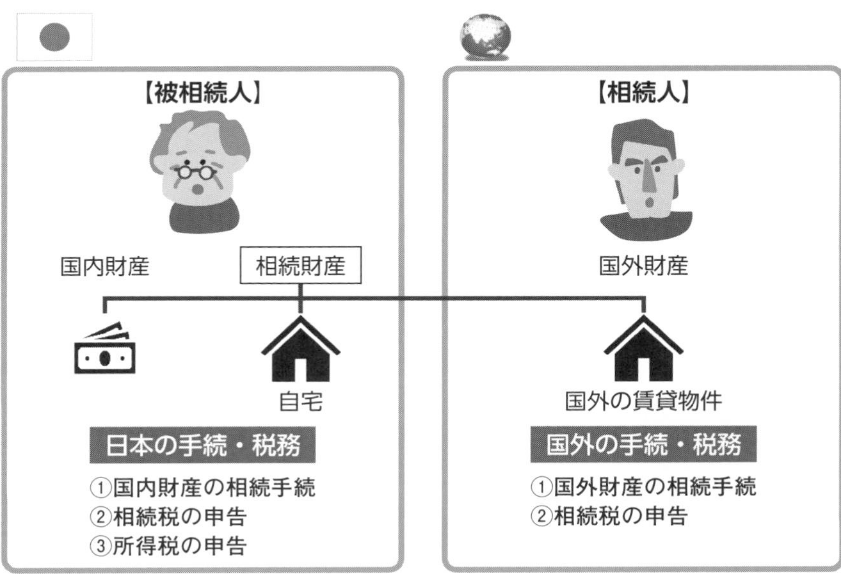

日本国内の手続・税務

❶ 国内財産の相続手続

手続	ここを参照
必要な書類	
・在留証明書	第１章Ⅲ③（22ページ）
・署名証明	第１章Ⅲ③（22ページ）
・海外居住者が預金を相続する場合	第１章Ⅲ④（22ページ）
・海外居住者が有価証券を相続する場合	第１章Ⅲ⑤（23ページ）

❷ 日本の相続税の申告

税務	ここを参照
課税財産の範囲 ・相続人は全員が無制限納税義務者に該当	第２章Ⅱ ①（40ページ）
国外財産の評価	第２章Ⅲ（55ページ）
国外財産の課税の取扱い	第２章Ⅳ（65ページ）
小規模宅地等の特例の適用の可否 ・海外賃貸物件への適用 ・海外に居住する家なき子	 第２章Ⅳ ①（65ページ） 第２章Ⅵ ⑤（97ページ）
海外居住者の障害者控除	第２章Ⅵ ⑥（99ページ）
外国税額控除	第２章Ⅴ（74ページ）
相続人が海外に居住するとき「納税管理人」	第２章Ⅵ①（87ページ）
相続人が相続後に出国するときの申告期限	第２章Ⅵ②（92ページ）

❸ 日本の所得税の申告（準確定申告）

税務	ここを参照
国外転出（相続）時課税	第５章（155ページ）
国外の賃貸物件から生じる不動産所得にかかる所得税	第６章Ⅰ②（204ページ）

海外の手続・税務

❶ 国外財産の相続手続

手続	ここを参照
国外財産の相続手続	第３章（131ページ）

❷ 海外の相続税の申告

手続	ここを参照
課税財産の範囲の確認 ＊国外財産だけでなく、日本に所在する財産に外国の相続税が課税されることもある。	第４章（137ページ）

■パターン２　被相続人 相続人　日本人・海外に居住

【被相続人】【相続人】

国内財産　相続財産　国外財産

かつての自宅

今の自宅

日本の手続・税務

①不動産の相続手続
②相続税の申告
③所得税の申告

国外の手続・税務

①国外財産の相続手続
②相続税の申告

日本国内の手続・税務

❶　国内財産の相続手続

手続	ここを参照
相続登記に必要な書類 ・在留証明書 ・署名証明	 第１章Ⅲ③（22ページ） 第１章Ⅲ③（22ページ）

❷　日本の相続税の申告

無制限納税義務者 ← 被相続人と相続人の海外居住期間に応じて分かれる → 制限納税義務者

【無制限納税義務者の場合】

税務	ここを参照
課税財産の範囲 ・国内財産および国外財産	第２章Ⅱ②（41ページ） 第２章Ⅱ③（43ページ）
国外財産の評価	第２章Ⅲ（55ページ）

国外財産の課税の取扱い	第２章Ⅳ（65ページ）
小規模宅地等の特例の適用の可否 ・海外賃貸物件への適用 ・海外の自宅への適用	 第２章Ⅳ ①（65ページ） 第２章Ⅵ ④（96ページ）
海外居住者の障害者控除	第２章Ⅵ ⑥（99ページ）
外国税額控除	第２章Ⅴ（74ページ）

【制限納税義務者の場合】

税務	ここを参照
課税財産の範囲 ・国内財産のみ	第２章Ⅱ ③❷③（44ページ）
制限納税義務者であるとき	第２章Ⅷ（107ページ）

【制限納税義務者・無制限納税義務者　共通】

税務	ここを参照
相続人が海外に居住するとき「納税管理人」	第２章Ⅵ ①（87ページ）
相続人が相続後に出国するときの申告期限	第２章Ⅵ ②（92ページ）
被相続人が海外に居住するとき「納税地」	第２章Ⅵ ③（93ページ）

❸　日本の所得税（準確定申告）の申告

手続	ここを参照
非居住者の所得税	第６章Ⅲ（223ページ）

国外の手続・税務

❶　国外財産の相続手続

手続	ここを参照
国外財産の相続手続	第３章（131ページ）

❷　外国の相続税の申告

税務	ここを参照
※国外財産だけでなく、日本に所在する財産に外国の相続税が課税されることに注意	第４章（137ページ）

■パターン３　被相続人　外国人・日本に居住／相続人　外国人・海外に居住

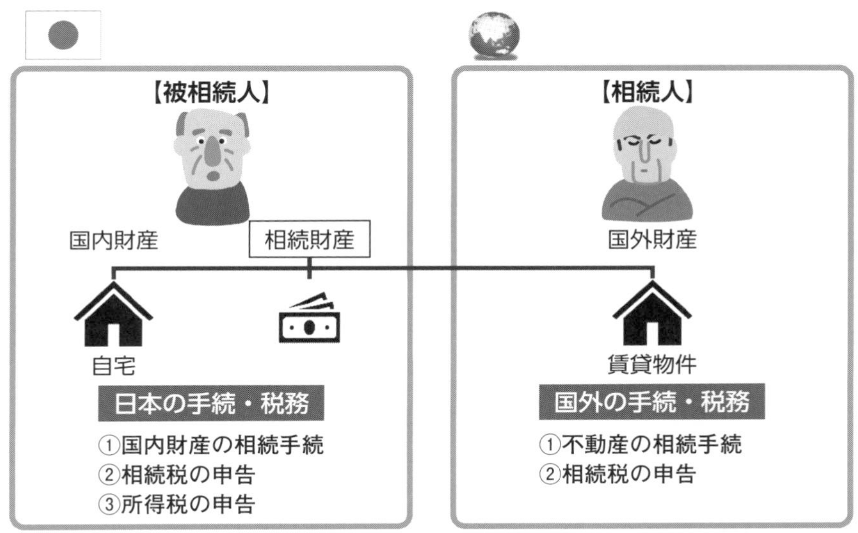

日本国内の手続・税務

❶　国内財産の相続手続

手続	ここを参照
必要な書類	
・相続を証明する書類	第１章Ⅲ②（21ページ）
・在留証明書	第１章Ⅲ③（22ページ）
・署名証明	第１章Ⅲ③（22ページ）
・海外居住者が預金を相続する場合	第１章Ⅲ④（22ページ）
・海外居住者が有価証券を相続する場合	第１章Ⅲ⑤（23ページ）

❷　日本の相続税の申告

無制限納税義務者

被相続人の在留資格に応じて分かれる

制限納税義務者

【無制限納税義務者の場合】

税務	ここを参照
課税財産の範囲	第２章Ⅱ ④（46ページ）
・国内財産および国外財産	第２章Ⅱ ⑤（48ページ）

国外財産の課税の取扱い	第２章Ⅳ（65ページ）
国外財産の評価	第２章Ⅲ（55ページ）
小規模宅地等の特例の適用の可否 ・海外賃貸物件への適用 ・海外に居住する家なき子	 第２章Ⅳ ①（65ページ） 第２章Ⅵ ⑤（97ページ）
海外居住者の障害者控除	第２章Ⅵ ⑥（99ページ）
外国税額控除	第２章Ⅴ（74ページ）

【制限納税義務者の場合】

税務	ここを参照
課税財産の範囲 ・国内財産のみ	第２章Ⅱ ⑤❷⑦（50ページ）
制限納税義務者であるとき	第２章Ⅷ（107ページ）

【制限納税義務者・無制限納税義務者　共通】

税務	ここを参照
相続人が海外に居住するとき「納税管理人」	第２章Ⅵ ①（87ページ）
相続人が相続後に出国するときの申告期限	第２章Ⅵ ②（92ページ）
被相続人が外国人のとき「配偶者の税額軽減」	第２章Ⅶ ①（102ページ）
被相続人が外国人であるとき「法定相続人の人数」	第２章Ⅶ ②（103ページ）
被相続人が外国人であるときで遺産が未分割のとき	第２章Ⅶ ③（104ページ）

❸　日本の所得税（準確定申告）の申告

手続	ここを参照
国外転出（相続）時課税	第５章（155ページ）
国外の賃貸物件から生じる不動産所持にかかる所得税	第６章Ⅰ ②（204ページ）

国外の手続・税務

❶　国外財産の相続手続

手続	ここを参照
国外財産の相続手続	第３章（131ページ）

❷　外国の相続税の申告

税務	ここを参照
課税財産の範囲の確認 ＊国外財産だけでなく、日本に所在する財産に外国の相続税が課税されることもある。	第４章（137ページ）

■パターン４　被相続人 相続人　外国人・海外に居住

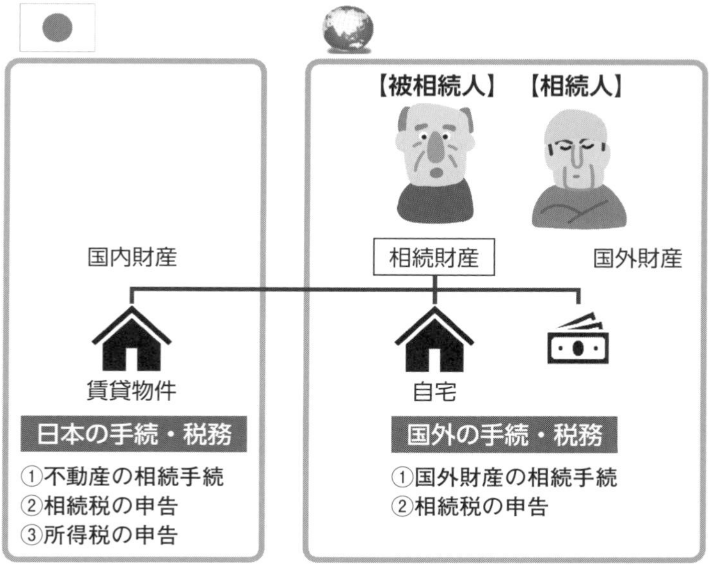

【被相続人】　【相続人】

相続財産

国内財産　　国外財産

賃貸物件　　自宅

日本の手続・税務

①不動産の相続手続
②相続税の申告
③所得税の申告

国外の手続・税務

①国外財産の相続手続
②相続税の申告

日本国内の手続・税務

❶　国内財産の相続手続

手続	ここを参照
相続登記に必要な書類 ・相続を証明する書類 ・在留証明書 ・署名証明	 第１章Ⅲ ②（21ページ） 第１章Ⅲ ③（22ページ） 第１章Ⅲ ③（22ページ）

❷　日本の相続税の申告

【制限納税義務者の場合】

税務	ここを参照
課税財産の範囲 ・国内財産のみ	第２章Ⅱ③❷⑦ （45ページ） 第２章Ⅱ⑥❷⑦ （54ページ）

制限納税義務者であるとき	第２章Ⅷ（107ページ）
小規模宅地等の特例の適用の可否 ・制限納税義務者の日本の賃貸物件への適用	第２章Ⅷ⑨（119ページ）
相続人が海外に居住するとき「納税管理人」	第２章Ⅵ①（87ページ）
相続人が相続後に出国するときの申告期限	第２章Ⅵ②（92ページ）
被相続人が海外に居住するとき「納税地」	第２章Ⅵ③（93ページ）
被相続人が外国人のとき「配偶者の税額軽減」	第２章Ⅶ①（102ページ）
被相続人が外国人であるときの「法定相続人の人数」	第２章Ⅶ②（103ページ）
被相続人が外国人であるときで遺産が未分割のとき	第２章Ⅶ③（104ページ）

❸ 日本の所得税（準確定申告）の申告

手続	ここを参照
非居住者の所得税	第６章Ⅲ（223ページ）

国外の手続・税務

❶ 国外財産の相続手続

手続	ここを参照
国外財産の相続手続	第３章（131ページ）

❷ 外国の相続税の申告

税務	ここを参照
課税財産の範囲の確認 ＊国外財産だけでなく、日本に所在する財産に外国の相続税が課税されることもある。	第４章（137ページ）

第1章

日本に所在する財産の相続手続

I 日本の準拠法

① 相続法

日本の相続では、被相続人の財産や債務は相続人に包括的に承継されます（民法896条）。これを包括承継といいます。

相続財産は、遺言（民法964他）があれば遺言に従い受遺者に、遺言がない場合は、相続人に帰属します。相続人は遺産の取得について遺産分割協議を行うことができます（民法907）。

また、相続人は、遺留分により、遺言にかかわらず、一定額の相続財産の取得が保障されています（民法1042）。

これらはすべて、日本の法律による取り決めであり、外国には、それぞれの国の法律により相続に関することが定められています。

被相続人や相続人が日本人であり、相続財産も日本に所在するもののみ、というような日本だけで完結する相続の場合は、適用する法律について、わざわざ考える必要はありません。しかし、国際相続の場合は、どの国の法律が適用されるのか、ということを確認しなければなりません。

なお、本書では、日本国籍を持つ人を「日本人」といい、日本国籍を持たず外国籍を持つ人を「外国人」といいます。

②日本の適用通則法

国際相続があった場合には、複数の国が関わるため、どの国の法律により相続に関することが決まるのかということを確認しなければなりません。適用される法律のことを、「準拠法」といいます。

日本では、「法の適用に関する通則法」という法律により準拠法を定めます（以下「適用通則法」という）。

適用通則法36条では、「相続は、被相続人の本国法による」と定めています。

「本国法」とは、国籍が１つの場合にはその国籍のある国の法が、国籍が日本を含めて２以上ある場合には日本法が本国法となります（適用通則法38）。

なお、適用通則法は、国内法であり、日本においてのみ適用されます。相続の準拠法を定める国際的なルールはなく、各国が国内法により相続の準拠法を定めています。

Q１

被相続人が日本人で、相続人である子は外国籍です。

この場合、日本の不動産の相続手続は、どの国の法律により相続人や相続分といった相続に関する事項を定めるのでしょうか。

A

被相続人は、日本国籍ですので、適用通則法に従い本国法は日本の法となります。よって、日本においては日本の民法に従い、相続に関することが定められます。

相続人の国籍は、関係がありません。

Q２

台湾国籍の被相続人が所有する日本の不動産の相続手続は、どの国の法律によって相続人や相続分といった相続に関する事項を定めるのでしょうか。

A

適用通則法36条により、相続は被相続人の国籍のある国の法律が準拠法になるため、日本に所在する財産の相続手続については、台湾民法により定めることになります。

解説

台湾のように日本が国家として承認していない国（「未承認国家」）であっても、日本においてその国の法律が準拠法として適用されます（なお、台湾でも被相続人が台湾国籍の場合は、台湾民法が相続の準拠法になります。よって次項で解説する反致は起きません）。

☛　第３章「Ⅳ　準拠法『相続統一主義』と『相続分割主義』」

■被相続人の本国法となるとき

【相続財産】
日本に所在する不動産

【被相続人】
台湾人

【日本の準拠法】
36条
被相続人の本国法による（台湾民法による）

【台湾の準拠法】
被相続人の本国法による
（台湾民法による）

Ⅱ 準拠法：反致する場合

① 反致とは

適用通則法36条では、「相続は被相続人の本国法による」としていますが、その41条において、「当事者の本国法によるべき場合において、その国の法に従えば日本法によるべきときは、日本法による」としています。これを「反致」（はんち）といいます。

■反致のイメージ図

【相続財産】
日本に所在する不動産

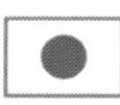

【被相続人】
アメリカ人

【日本の準拠法】
36条
被相続人の本国法による（アメリカの州法による）

【アメリカの準拠法】
不動産は所在地の法（日本法）による

反致

【日本の準拠法】
41条
その国の法に従えば日本法によるべきときは、日本法が準拠法になる

②　反致が起こるケース

英米法系の国（アメリカ、イギリス等）では、相続の準拠法について「不動産は所在地の法による」（相続分割主義）としているため、日本に所在する不動産に係る相続ついては、日本の法（日本民法）を適用すると判断します。

☛　第３章「Ⅳ　準拠法『相続統一主義』と『相続分割主義』」

そうすると、日本においては日本の適用通則法41条の、「その国の法に従えば日本法によるべきときは」に該当しますので、反致が起きます。

よって、被相続人が英米法系の国の国籍を持つ場合は、日本に所在する不動産の相続財産については、反致が起こり日本の民法が準拠法となります。

Q

被相続人（アメリカ市民）が所有する日本の不動産の相続登記手続については、どの国の民法により相続人を定めるのですか。

A

被相続人がアメリカ市民のときは、反致が起こり、日本民法が準拠法となります。

解説

アメリカの市民権は、日本における国籍と同じ概念です。

Ⅲ 日本に所在する財産の相続手続に「必要な書類」

① 手続に必要な書類

日本に所在する財産の相続手続には、次の３つの書類が必要です。

① 相続を証明する書類

② 住所を証明する書類

③ 遺産分割協議書に添付する印鑑証明書（署名証明書）

② 相続を証明する書類

「相続を証明する」とは、被相続人の死亡の事実、誰に相続権があるのか、他に相続人がいないこと、を証明するということです。

日本では、戸籍謄本により相続人を確定できますが、世界で戸籍制度のある国は台湾、韓国などの少数の国だけです。

多くの国々では、出生証明書、婚姻証明書、死亡証明書といった事実ごとの断片的な証明制度を設けています。

したがって、被相続人や相続人が、これらの国の国民の場合には、次のような書類をできるだけ集め、相続人を確定することになります。

- 出生証明書、婚姻証明書、死亡証明書　等
- 本国政府や大使館等の作成した「宣誓供述書」※1
- 日本に居住する被相続人の場合には、外国人登録原票※2や、日本における出生届、婚姻届等の書類

※１「宣誓供述書」とは、「私は、被相続人△△の相続人であること、他に相続人はいないことを誓います」といったことが記載された書類で、公証人の前で宣誓し、署名をしたものです。

※２「外国人登録原票」とは、既に廃止された外国人登録制度により記録された事項を記載した書類です。開示請求は、出入国在留管理庁に対して行い、手続に１か月程度の期間を要します。

③ 相続人の住所を証明する書類、印鑑証明

日本の相続手続では、相続人の住民票と、遺産分割協議を行った場合には印鑑証明書の提出が必要です。しかし、海外には、日本の住民登録のような制度がある国の方が少ないですし、印鑑登録の制度がある国もまれです。

この場合、住所を証する書類と、印鑑証明書に代わるものを、次のように取得をします。

	取得機関	住所を証明する書類	印鑑証明書 （署名証明書）
日本に居住している外国人	日本の市町村	・中長期在留者と特別永住者は、住民票 ・それ以外の場合は、在外公館が発行した在留証明書等	・住民票がある場合は印鑑証明書 ・住民票がない場合は、在外公館が発行した署名証明書
外国に居住している日本人	滞在国の日本大使館や領事館	在留証明書	署名証明書
国外に居住している外国人	その国の官公署、公証人	それぞれの国の官公署が発行する証明書 （韓国と台湾は、住民登録制度があるので、それらの証明書）	署名証明書 （台湾は印鑑登録制度があるので、印鑑証明書）

④ 海外居住者が預金を相続する場合

日本の預貯金を相続した場合には、相続人名義の預金口座へ振り込むことが多いかと思います。その際、相続人名義の国外にある銀行口座へ直接振込ができる金融機関はあまりなく、国内にある金融機関の口座へ

の振込みにしか対応していない金融機関がほとんどのようです。

もし海外居住者である相続人が、日本に銀行口座を保有していれば、その口座に払い出すことができますが、そうでない場合は、日本に居住する家族の預金口座にて代理で受領してもらう、または、弁護士等に依頼し代理で受領してもらう、などの方法により預金を受け取ることを検討します。

⑤ 海外居住者が有価証券を相続する場合

被相続人が、日本の証券会社の口座で有価証券を保有していた場合、その相続手続は、同じ証券会社にある相続人名義の口座に移管することが原則で、他の証券会社にある相続人の口座への移管は行っていないようです。

そして、ほとんどの証券会社では、海外居住者は口座開設をすることができません。

よって、海外居住者が有価証券を相続した場合には、被相続人の証券口座と同じ会社の口座の開設ができないため、原則として「相続した有価証券を売却して口座を閉鎖する」ということになります。

（参考）在留証明書

形式 1

在　留　証　明　願

令和 ○○ 年 ○ 月 ○ 日

在アメリカ合衆国日本国大使　殿

申請者氏名 証明書を 使う人	証明　太郎	生年 月日	明・大・昭（○）・平・令 39年 3 月 22 日
代理人氏名 （※１）		申請者との関係 （※１）	
申請者の 本籍地 （※２）	東京 都（○）・道・府・県	（市区郡以下を記入してください。※２）	
提出理由	遺産分割協議書	提出先	○○司法書士

私（申請者）が現在、下記の住所に在住していることを証明してください。

メリーランド州ベゼスダ市

現住所		
	日本語	アメリカ合衆国コロンビア特別区ワシントン市北西 マサチューセッツ通り2520番地
	外国語	2520 Massachusetts Ave., N.W., Washington, DC 20008 U.S.A
上記の場所に住所（又は居所）を 定めた年月日（※２）		20○○ 年 XX 月

提出先と確認し必要であればご記入下さい。空欄にもできます。

（※１）本人申請の場合は記入不要です。
（※２）申請理由が恩給、年金受給手続きのとき、及び提出先が同欄の記載を必要としないときは記入を省略することができます。

在　留　証　明

証第BH　－　　　　号

上記申請者の在留の事実を証明します。

令和　　年　　月　　日

在アメリカ合衆国日本国特命全権大使

外務省一郎

（手数料：米貨　　ドル）

（出所）在アメリカ合衆国日本大使館ホームページ

（参考）署名証明書

証　明　書

以下身分事項等記載欄の者は、本職の面前で以下の署名欄に署名（及び拇印を押捺）したことを証明します。

身 分 事 項 等 記 載 欄
氏名　：　外 務 太 郎
生年月日　：（明・大・㊗・平）　40 年　12 月　1 日
日本旅券番号　：　TZ1234567
備　考：

※氏名の漢字等綴りは申請人の申告に基づく場合があります。

必要な場合は、右手親指にて押捺して下さい。

署名：外務　太郎（拇印）

証第　－　号

平成　年　月　日

在シンガポール日本国特命全権大使

公印

（手数料：S$　　）

（出所）在シンガポール日本国大使館ホームページ

Ⅳ 国籍～重国籍になる場合および日本国籍を喪失する場合

日本の国籍に関する取扱いについて、重国籍になる場合と、日本国籍を喪失する場合を説明します。

① 重国籍になる例

1 重国籍になる場合

日本国籍を取得する原因には、出生、届出、帰化がありますが、子が出生により日本国籍を取得するのは、次の３つの場合です（国籍法２）。

①　出生の時に父または母が日本国民であるとき

②　出生前に死亡した父が死亡の時に日本国民であったとき

③　日本で生まれ、父母がともに不明のとき、または無国籍のとき

上記①および②は、日本が父母両系血統主義（その国の国籍を有する父または母の子として生まれた子に、その国の国籍を与える主義）を採用していることによります。

したがって、父母の一方が日本国籍を有する者で、他方が外国籍を有する者の間に生まれた子は、日本国籍を取得することになります。そして、外国籍の親の国籍国においても同様の血統主義による国籍取得を採用している場合には、子は複数の国籍を持つことになります。

2 生まれつき重国籍になる例

① 父母両系血統主義の父母を持つ子

父母両系血統主義を採る国の国籍を有する父母を持つ子は、父母の両方の国籍を持ちます。

例えば、日本人と韓国人の父母を持つ子は、生まれたときに日本国籍と韓国国籍の 2 つの国籍を取得します。

② 生地主義で生まれた子

生地主義（その国で生まれた子に、その国の国籍を与える主義）を採る国で生まれた子は、その生まれた国の国籍を取得します。

例えば、日本人の父母をもち、アメリカで生まれた子は、出生時にアメリカ国籍と日本国籍の両方の国籍を取得します。

■国籍選択の流れ（概要）

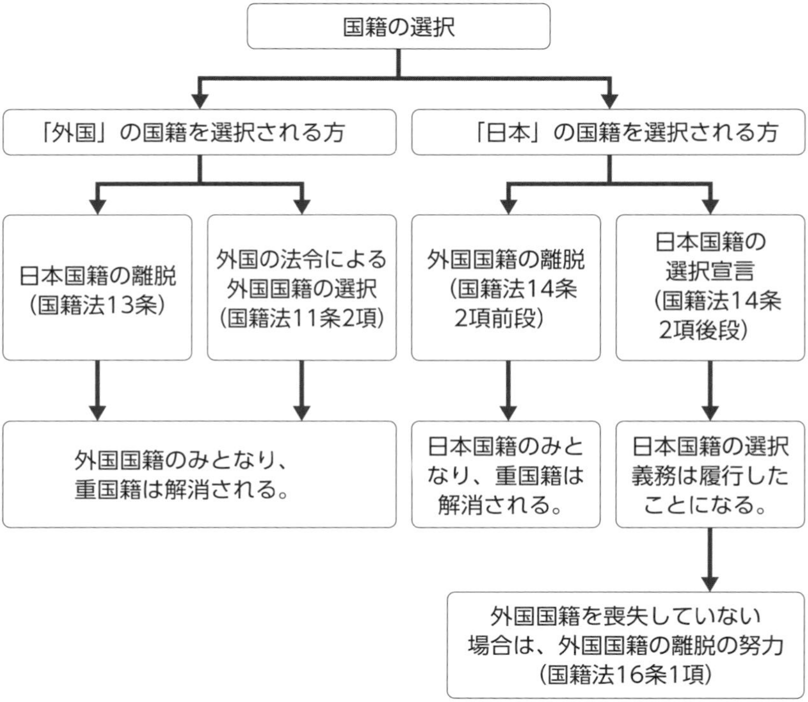

国籍の選択

- 「外国」の国籍を選択される方
  - 日本国籍の離脱（国籍法13条）→ 外国国籍のみとなり、重国籍は解消される。
  - 外国の法令による外国国籍の選択（国籍法11条2項）→ 外国国籍のみとなり、重国籍は解消される。
- 「日本」の国籍を選択される方
  - 外国国籍の離脱（国籍法14条2項前段）→ 日本国籍のみとなり、重国籍は解消される。
  - 日本国籍の選択宣言（国籍法14条2項後段）→ 日本国籍の選択義務は履行したことになる。→ 外国国籍を喪失していない場合は、外国国籍の離脱の努力（国籍法16条1項）

（出所）法務省ホームページ

3 その後、重国籍のままになるケース

日本の国籍法14条、16条では、「20歳に達する以前に重国籍となった場合は、22歳に達するまでにいずれかの国籍を選択しなければならず、日本国籍を選択した場合は外国の国籍の離脱に努めなければならない」旨を規定しています。

しかし、日本国籍を選択した場合に、実際に外国籍を離脱しなくても特に問題は起きません。また、欧米諸国では重国籍を容認している国も多いことから重国籍のまま、という人は多くいます。

② 日本国籍を喪失するケース

国籍法11条は、「日本国民は、自己の志望によって外国の国籍を取得したときは、日本の国籍を失う」としています。

よって、例えば、日本人が結婚を機にアメリカの市民権（＝アメリカ国籍）を取得した場合は、その者は日本国籍を失うこととなります。２つの国籍を持つということではありません。日本で特に手続をしなくても自動的に日本国籍が失われることから、本人も日本国籍を喪失していることに気が付いていない場合があります。

なお、この場合は「自己の志望」により国籍を取得した場合ですので、上記1の「生まれつき」外国籍を取得した場合とは異なります。

☛ 第２章Ⅰ④「2　外国の国籍を取得した場合に日本国籍を喪失すること」

第2章

日本の相続税

I　相続税の課税財産の範囲

①　各相続人の相続税の課税財産の範囲

日本の相続税法では、相続または遺贈（死因贈与を含む。以下同じ）により財産を取得した個人は、相続税が課税されます。各相続人等（本書では、相続人と受遺者をいいます。以下同じ）の課税財産の範囲は、相続人等ごとに異なり、被相続人と相続人等のそれぞれの国籍や住所地等による区分（下表の各区分）の組み合わせにより決定されます。国籍や住所に係る判定は、相続時の状況により行います（相法１の３、２）。

一般に国内財産および国外財産のすべてに相続税を課税される人を「無制限納税義務者」、国内財産にのみ相続税を課税される人を「制限納税義務者」といいます。

■相続税の課税財産の範囲

被相続人＼相続人等	国内に住所あり		国内に住所なし		
			日本国籍あり		日本国籍なし
	右記以外の者	一時居住者※1	10年以内に国内に住所あり	10年以内に国内に住所なし	
国内に住所あり					
外国人被相続人※2		国内財産		国内財産	国内財産
国内に住所なし：10年以内に国内に住所あり		国内財産・国外財産のすべて			
外国人（非居住被相続人）※3		国内財産		国内財産	国内財産
国内に住所なし：10年以内に国内に住所なし（非居住被相続人）※4		国内財産		国内財産	国内財産

※１　**一時居住者**……相続開始の時において、外国人（本書では日本国籍を有しない人をいう。以下同じ）で、出入国管理および難民認定法の別表第一の在留資格（以下「別表第一の在留資格」という）を有する者であっ

て相続の開始前15年以内において日本に住所を有していた期間の合計が10年以下であるものをいう。

※２　**外国人被相続人**……相続開始の時に、下の別表第一の在留資格を有し、日本に住所があった外国人である被相続人。

※３　**外国人（非居住被相続人）**……相続開始の時に日本に住所がなく、相続の開始前10年以内のいずれかの時において日本に住所を有していたことがあるもののうち、そのいずれの時においても日本国籍を有していなかった（外国人であった）被相続人。

※４　**10年以内に国内に住所なし（非居住被相続人）**……相続開始の時に日本に住所がなく、相続の開始前10年以内のいずれの時においても日本に住所を有していなかった被相続人（日本人であるか外国人であるかを問わない）。

1　在留資格とは

在留資格は、外国人が日本に在留し活動するための資格で、出入国管理および難民認定法に、その類型が規定されています。

在留資格は、別表第一の資格と別表第二の資格に分かれており、別表第一は、「日本で行うことができる活動」の類型を、別表第二は「日本において有する身分・地位」の類型を、それぞれ在留資格として掲げています。

■別表第一

区分	在留資格
一	外交、公用、教授、芸術、宗教、報道
二	高度専門職、経営・管理、法律・会計業務、医療、研究、教育、技術・人文知識・国際業務、企業内転勤、介護、興行、技能、特定技能、技能実習
三	文化活動、短期滞在
四	留学、研修、家族滞在
五	特定活動

■別表第二

在留資格
永住者
日本人の配偶者等
永住者の配偶者等
定住者

※　一般に、別表第一の在留資格は「就労ビザ」、別表第二の日本人の配偶者等の在留資格は「配偶者ビザ」といわれます。

本来、「ビザ（査証）」とは入国許可証のことですので、在留資格とは意味が異なりますが、在留資格の意味で「ビザ」という言葉が使われることがあります。

2 住所とは

相続税では、「住所」とは各人の生活の本拠をいい、生活の本拠であるかどうかは客観的事実（住居、職業や親族の居住状況、資産の所在等）によって総合的に判定するとしています（相基通１の３・１の４共－５）。

☛　第２章Ⅰ「②　相続税法における『住所』の判定」

ポイント

- 日本の相続税の課税財産の範囲は、被相続人と相続人等の国籍や住所地等による区分の組み合わせにより決定され、相続人ごとに異なる。
- 被相続人や相続人が日本に居住する外国人の場合は、在留資格の種類により、課税財産の範囲が異なる。

②　相続税法における「住所」の判定

1　「住所」とは

①　住所の意義

相続税法では、「住所」についての定義がないため、一般に民法の定義を借用して理解されています。民法は、「各人の生活の本拠をその者の住所とする」とし、「住所が知れない場合には、居所を住所とみなす」としています（民法22、23①）。居所とは、一般に、多少の期間継続して居住しているものの住所ほどその場所との結びつきが密接ではない場所をいいます。

これを受けて、相続税法の通達では、「住所」とは各人の生活の本拠をいい、生活の本拠であるかどうかは客観的事実（住居、職業や親族の居住状況、資産の所在等）によって総合的に判定するとしています（相基通1の3・1の4共－5）。

つまり、どこに住所を有するのかは、居住の実態についての客観的事実に基づき判断されます。

②　住民票、183日の誤解

住所をどこに有するのかは、上記のとおり居住の実態で判断しますので、住民票に記載されている住所は参考ではあっても、それとイコールではありません。また、1年の半分以上（183日）海外に滞在しているからといって、それだけで住所が海外にあると判断されるわけではありません。

ポイント

- 相続税法において、「住所」は、「居住の実態」により判断される。
- 住民票に記載されている住所が相続税法上の住所になるわけではない。
- １年の半分以上（183日）国外に滞在しているからといって、それだけで住所が国外だと判断されるわけではない。

2 相続人等が国外勤務者・留学者である場合の住所

相続税法では、相続人等が、日本人、または別表第二の在留資格「永住者」を有している者であるときは、その者が相続時に日本を離れている場合であっても、その者が次に掲げる者に当たるときは、その者の住所は、日本にあるものとされます（相基通１の３・１の４共－６）。

☛ 第２章Ⅰ①表「■別表第二　在留資格」

① 学術、技芸の習得のために留学しており、日本にいる者の扶養親族となっている者※

※所得税法では、海外留学期間中は、外国に職業を有するものとして、その期間が１年以上であれば海外に住所を有するものと推定されますので、相続税とは取扱いが異なります。

☛ 第６章Ⅲ「④　所得税法における『住所』の判定」

② 国外において勤務その他の人的役務の提供をする者で国外におけるその人的役務の提供がおおむね１年以内であると見込まれる者

③ 国外出張、国外興行等により一時的に日本を離れているにすぎない者

ポイント

●日本にいる者に扶養されている海外留学生は、日本に住所があるものとされる（所得税法では、１年以上の留学期間のときは外国に住所があるものと推定されるので、相続税の取扱いとは異なる）。

●海外勤務の期間がおおむね１年以内であると見込まれるときは、その者の住所は日本にあるとされる。

【参考】住所の判断で争われた裁判例（武富士事件）

受贈者の相続税法上の住所が日本にあるか否かが争点になった「武富士事件」の最高裁判所平成23年２月18日判決の概要を紹介します。

⑴　事案の概要

武富士の元会長夫妻が、香港に居住する長男へ国外財産（武富士の株式を所有する外国法人の株式）の贈与を行い、贈与税は課税対象外と判断し、贈与税の申告をしませんでした（当時の税法では、受贈者の住所が日本にないときは、国外財産の贈与は課税対象外でした）。

長男は、香港の会社に赴任（出国）してから約２年半後に贈与を受けており、約３年半の赴任期間中、香港の会社の役員として香港に赴任したものの、日本にたびたび帰国して相応の日数を滞在していました。

国は上記の贈与時の長男の住所（生活の本拠）は日本にあるとし、贈与税1,157億円、無申告加算税173億円の決定処分を行いました。

⑵　判決の要旨

最高裁は、受贈者の滞在日数の調整について贈与税回避の目的を認めながらも、香港における「滞在日数が赴任期間中の約３分の２（国内での滞在日数の約2.5倍）であること」「現地法人の業務として関係者との面談等の業務にそれなりに従事したこと」などの客観的事実を重視して、受贈者の贈与当時の「住所（生活の本拠）」は香港であると判断し、国の主張を退け、課税処分等を取り消しました。

ポイント

●武富士事件の最高裁判決では、住所地の判定において、「滞在日数」、「職業を有する場所」、「職業上の活動の実態」の客観的事実が重視された。

③ 住所のみなし規定「国外転出時課税の納税猶予の特例を受けている場合」

相続税の課税財産の範囲の判定においては、次のように行います（相法１の３②）。

① 国外転出時課税の納税猶予の特例の適用を受けている個人が死亡した場合には、その個人は、相続開始前10年以内のいずれかの時において国内に住所を有していたものとみなします。

② 国外転出（贈与）時課税の納税猶予の特例の適用を受けている者（贈与者）から、その贈与により財産を取得した受贈者が死亡した場合には、その受贈者は、相続開始前10年以内のいずれかの時において国内に住所を有していたものとみなします（ただし、その受贈者が、その贈与前10年以内のいずれの時においても国内に住所を有していたことがない場合を除く）。

③ 国外転出（相続）時課税の納税猶予の特例の適用を受けている相続人等が死亡した場合には、その相続人等（今回の被相続人）は、今回の相続開始前10年以内のいずれかの時において国内に住所を有していたものとみなします（ただし、その相続人等（今回の被相続人）が、その国外転出（相続）時課税に係る相続の開始前10年以内のいずれの時においても国内に住所を有していたことがない場合を除く）。

☛ 第５章「Ⅶ　国外転出（相続）時課税の納税猶予」

Q

被相続人は、日本人で、死亡の12年前に日本を出国し、以後継続して海外に居住していました。この被相続人は、出国して５年後（死亡の７年前）に日本に居住する者から有価証券の贈与を受けており、その贈与者は、その贈与について国外転出（贈与）時課税を受け、その納税猶予の適用を受けています。

この場合、この被相続人は、相続税の課税財産の範囲の判定において、10年以内に国内に住所を有しているとみなされますか。

A

贈与者が国外転出時課税に係る納税猶予を受けている場合に、その受贈者が死亡したときは、その受贈者（被相続人）の相続人等の相続税の課税財産の範囲の決定においては、被相続人は、相続開始前10年以内のいずれかの時において国内に住所を有していたものとみなされます。

④ 課税財産の範囲を判定する際の重国籍者の取扱いと、その際の国籍の確認

1 課税財産の範囲を判定する際の重国籍者の取扱い

課税財産の範囲を判定する際の「日本国籍を有する個人」には、日本国籍と外国国籍を併有する重国籍者も含まれます（相基通１の３・１の４共－７）。

2 外国の国籍を取得した場合に日本国籍を喪失すること

国籍法11条では、「自己の志望によって外国の国籍を取得したとき」は、「日本の国籍を失う」としています。

例えば、結婚を機に、アメリカの市民権（＝国籍と同じ）を取得したときは、日本国籍を失います。国籍を２つ持つということではありません（上記**1**の重国籍者とは、生まれつき重国籍者で、まだ国籍の選択を

していない場合等です）。

国籍を喪失したときは、日本で特に手続をしなくても自動的に国籍を喪失するため、戸籍謄本をみて日本国籍となっていても、日本国籍を喪失している場合がありますから、戸籍謄本の記載が絶対ではありません。当事者も気が付いていない場合があるため、税理士は、相続人からヒアリングや必要な調査等をして当事者の国籍を判断する必要があります。

☛　第１章Ⅳ「②　日本国籍を喪失するケース」

下記の事例は、税理士が国籍の判定を誤り、損害賠償となった事案です（東京地裁平成26年２月13日判決）。

【事案】

税理士が、アメリカに居住する相続人から「アメリカ市民権を取得したが、日本国籍は放棄していない」と聞いていた。その場合、自動的に日本国籍を喪失することを税理士は知らず、二重国籍（日本国籍は保有したまま）と判断してしまった。

当時の相続税制（課税日はＨ20.3.5）では、国外に居住し日本国籍がない相続人は、制限納税義務者となったが、日本国籍があると思い、無制限納税義務者と判断したため、債務控除の範囲を誤り、相続税の税額を過少に申告してしまった（債務控除の範囲は、制限納税義務者は狭く、無制限納税義務者は広い）。

相続人は、税理士による相続に関する助言、相続税の申告等に過誤があったことによって損害を被ったと主張して、税理士らに対し、不法行為または債務不履行に基づく損害賠償を求めたという事案です。

【東京地裁の判決の要旨】

①　税理士は、依頼者の利益の最大化を考えて業務を遂行すべき義務を負い、具体的には、依頼者が述べた事実や提示された資料から判明する事実に基づいて業務を遂行すれば足りるものではなく、課税要件等に関係する制度の確認を含む事実関係の究明をすべき義務を負うとこ

ろ、課税対象財産および債務控除の対象となる相続債務の範囲を確定するためには相続人が制限納税義務者であるか否かを確定することが必要であるから、税理士が、一般人であれば相続人が日本国籍を有しない制限納税義務者であるとの疑いを持つに足りる事実を認識した場合には、日本国籍の取得および喪失の要件を定めた国籍法の規定を確認するなどして、当該相続人が制限納税義務者であるか否かを判別するために必要な事実関係の究明をすべき義務を負うものと解するのが相当である。

②　当該相続人が制限納税義務者であることを確認しなかったことについて相続税の申告を受任した税理士には注意義務違反が認められることから、債務不履行責任を負うというべきである。

こうして、東京地裁は、税理士に損害の支払いを命じました。

Ⅱ 相続税の課税範囲のパターン

① 相続税の課税範囲 ①
〜被相続人が日本人で、相続時に日本に住所がある場合

被相続人が、相続時に、日本国籍を有し（以下「日本人」という）、日本に住所がある場合は、相続人等の住所や国籍にかかわらず、相続人は全員が国外財産と国内財産の両方に課税される「無制限納税義務者」になります。

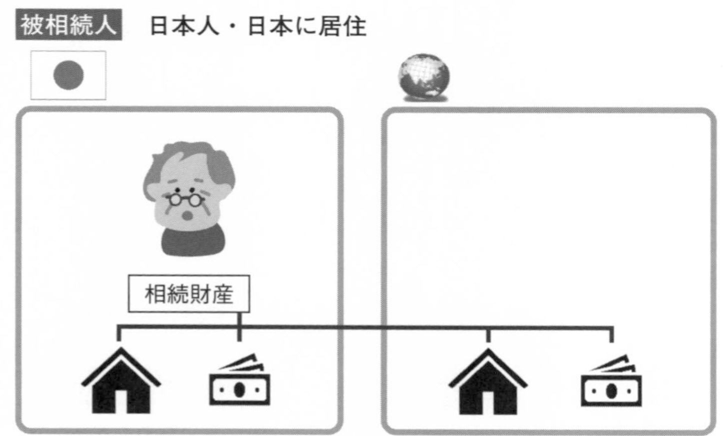

この場合、相続人等は、その住所や国籍の状況にかかわらず、すべて「無制限納税義務者」になる

■相続税の課税財産の範囲

相続人等 ＼ 被相続人		国内に住所あり		国内に住所なし		
				日本国籍あり		
		右記以外の者	一時居住者	10年以内に国内に住所あり	10年以内に国内に住所なし	日本国籍なし
国内に住所あり						
	外国人被相続人		国内財産		国内財産	国内財産
国内に住所なし	10年以内に国内に住所あり		国内財産・国外財産のすべて			
	外国人（非居住被相続人）		国内財産		国内財産	国内財産
	10年以内に国内に住所なし（非居住被相続人）		国内財産		国内財産	国内財産

ポイント

●例えば、被相続人は日本人で、相続時に日本に住所があり、相続人は日本人で、20年前から国外に居住している場合。この相続人の相続税は 国内財産および国外財産のすべてに課税される。

② 相続税の課税範囲②
～被相続人は相続開始の時に海外に居住していたが、相続開始の時が出国後10年以内である場合（日本に居住していたときは日本国籍を有していた）

被相続人が表題の場合は、相続人の相続開始の時の住所、その居住状況および国籍にかかわらず、相続人は全員がその取得した国内財産と国外財産のすべてに対して相続税が課税される「無制限納税義務者」になります。

被相続人　海外に居住（日本出国後10年以内）
※日本にいたときは日本国籍を有する

この場合、相続人はすべて無制限納税義務者になる

■相続税の課税財産の範囲

被相続人＼相続人等		国内に住所あり		国内に住所なし		
				日本国籍あり		日本国籍なし
		右記以外の者	一時居住者	10年以内に国内に住所あり	10年以内に国内に住所なし	
国内に住所あり						
	外国人被相続人		国内財産		国内財産	国内財産
国内に住所なし	10年以内に国内に住所あり	国内財産・国外財産のすべて				
	外国人（非居住被相続人）		国内財産		国内財産	国内財産
	10年以内に国内に住所なし（非居住被相続人）		国内財産		国内財産	国内財産

ポイント

● 例えば、被相続人Aは、日本で生まれ、日本国籍を有して日本で生活していたが、定年後日本を出国し、配偶者とともにオーストラリアで居住し、出国後７年３か月が経過した時に同国で死亡した。この場合、その相続人等は、全員が無制限納税義務者になる。

③ 課税財産の範囲③
～被相続人が日本人または外国人で、相続の開始前から10年超の期間、海外に居住している（＝日本国内に住所がない）場合

1 相続税の課税財産の範囲

被相続人が、相続の開始前10年以内に日本に住所がない場合（出国後10年を経過している場合や、そもそも日本に居住したことがない場合など）は、その被相続人は「10年以内に住所なし（非居住被相続人）」に該当します。その被相続人が、日本人でも外国人でも同様です。

その場合、各相続人等は、相続時の住所や国籍による区分により、国内財産と国外財産の両方に課税される「無制限納税義務者」と、国内財産のみに課税される「制限納税義務者」に分かれます。

☛　第２章Ⅰ①表「※４　10年以内に国内に住所なし（非居住被相続人）」

被相続人（日本人も外国人も）　海外に居住（出国後10年超）

相続財産

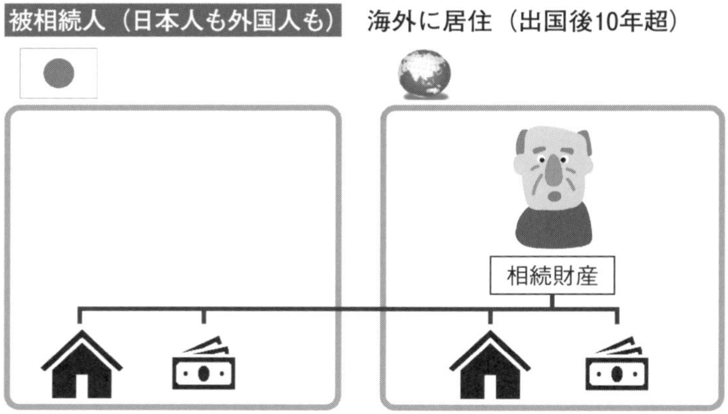

この場合、相続人等は、日本に住所があるか否か等により無制限納税義務者と制限納税義務者に分かれる。

■相続税の課税財産の範囲

相続人等 被相続人		国内に住所あり		国内に住所なし		
				日本国籍あり		
		右記以外の者	一時居住者	10年以内に国内に住所あり	10年以内に国内に住所なし	日本国籍なし
国内に住所あり						
	外国人被相続人		国内財産		国内財産	国内財産
国内に住所なし	10年以内に国内に住所あり		国内財産・国外財産のすべて			
	外国人（非居住被相続人）		国内財産		国内財産	国内財産
	10年以内に国内に住所なし（非居住被相続人）	1	国内財産 2	3	国内財産 4	国内財産 5

2 各相続人の課税財産の範囲

被相続人が表題に該当する場合に、その相続人等の課税財産の範囲は、各相続人等の住所や国籍等により次の①～⑦のとおりとなります。

① 日本人で、日本に住所がある場合（表の1）

相続人等が、相続開始の時に日本人で、日本に住所があるときは、その相続人等は「一時居住者」に当たることはないので、上表の1に当たります。よって、その相続人等は「無制限納税義務者」になります。

② 日本人で、外国に住所がある（出国後10年以内）場合（表の3）

相続人等が、相続開始の時に、日本人で日本に住所がなく、相続開始前10年以内に日本に住所がある（出国後10年以内である）ときは、上表の3に当たります。よって、その相続人等は「無制限納税義務者」になります。

③ 日本人で、外国に住所がある（出国後10年超）場合（表の4）

相続人等が、相続開始の時に、日本人で日本に住所はなく、相続開始前10年以内にも日本に住所がない（出国後10年超である、または、そもそも日本に居住していない）場合は、上表の4に当たります。よってその相続人等は、「制限納税義務者」になります。

④　外国人（別表第二の在留資格）で、日本に住所がある場合（表の①）

相続人等が、相続の時に、別表第二の在留資格（日本人の配偶者等など）により日本に住所を有する外国人である場合は、その相続人等は、「一時居住者」に当たることはないので、上表の①に当たります。よって、「無制限納税義務者」になります。

☛　第２章Ⅰ①表「※１　一時居住者」

☛　第２章Ⅰ①「❶　在留資格とは」

⑤　外国人（別表第一の在留資格）で、日本に住所があり、相続前15年以内に日本に住所を有していた期間の合計が10年を超える場合（表の①）

相続人等が、表題の場合は、その相続人等は、「一時居住者」に該当しませんので、上表の①に当たります。よって、その相続人等は「無制限納税義務者」になります。

⑥　外国人（別表第一の在留資格）で、日本に住所があり、相続前15年以内に日本に住所を有していた期間の合計が10年以下の場合（表の②）

相続人等が、表題の場合は、その相続人等は「一時居住者」に該当しますので、上表の②に当たります。よって、その相続人等は「制限納税義務者」になります。

⑦　外国人で、外国に居住する場合（表の⑤）

相続人等が、相続時に、日本に住所を有していない（外国に居住している）外国人であるときは上表⑤に当たります。よって、その相続人等は、「制限納税義務者」になります。

ポイント

- 例えば、被相続人と相続人はともに日本人であり、２人とも10年より前に日本を出国しX国に居住している。この場合はこの相続人の相続税の課税財産の範囲は、国内財産のみとなる（上表の[4]）。
- 例えば、被相続人と相続人がともに、Ｘ国籍で日本に居住したことはない場合は、この相続人は制限納税義務者となり、日本の相続税の課税財産の範囲は、日本に所在する財産のみとなる（上表の[5]）。

④ 課税財産の範囲④ 〜被相続人が別表第二の在留資格（日本人の配偶者の資格等）を有する外国人で、日本に居住している場合

被相続人が、相続時に日本に住所を有する外国人で、かつ、別表第二の在留資格（日本人の配偶者等の資格）を有している場合は、被相続人は、「外国人被相続人」に該当しませんので、相続人等の住所や国籍にかかわらず、相続人は全員が「無制限納税義務者」になります。

☛　第２章Ⅰ①表「※２　外国人被相続人」
☛　第２章Ⅰ①「１　在留資格とは」

被相続人　日本に居住する外国人
（別表第二の在留資格：日本人の配偶者等）

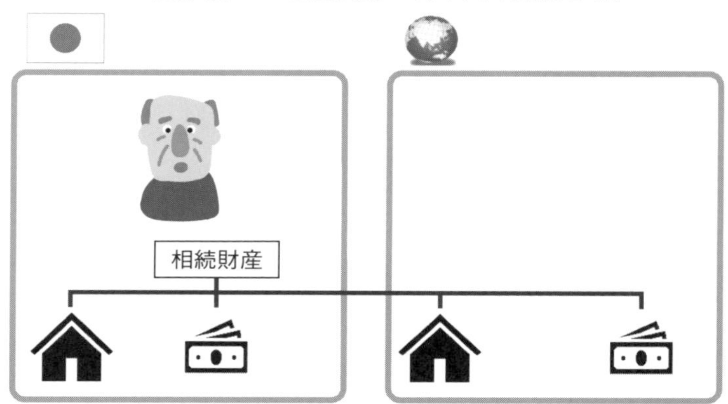

この場合、相続人等は相続開始の時の住所や国籍にかかわらずすべて無制限納税義務者になる

■相続税の課税財産の範囲

被相続人 ＼ 相続人等		国内に住所あり		国内に住所なし		
				日本国籍あり		
		右記以外の者	一時居住者	10年以内に国内に住所あり	10年以内に国内に住所なし	日本国籍なし
国内に住所あり						
	外国人被相続人		国内財産		国内財産	国内財産
国内に住所なし	10年以内に国内に住所あり		国内財産・国外財産のすべて			
	外国人（非居住被相続人）		国内財産		国内財産	国内財産
	10年以内に国内に住所なし（非居住被相続人）		国内財産		国内財産	国内財産

ポイント

● 例えば、被相続人が表題の場合には、相続人が外国に居住している外国人で、国外財産を相続したときでも、その国外財産に日本の相続税は課税される。

⑤ 課税財産の範囲⑤ ～被相続人が別表第一の在留資格を有する外国人である場合（外国人被相続人）

1 相続税の課税財産の範囲

被相続人が、相続時に日本に住所を有する外国人で、かつ、別表第一の在留資格を有している場合は「外国人被相続人」に該当します。その場合、各相続人等は、その相続人等の住所や国籍により、国内財産と国外財産の両方に課税される無制限納税義務者と、国内財産のみに課税される制限納税義務者に分かれます。

☛ 第２章Ⅰ①表「※２　外国人被相続人」

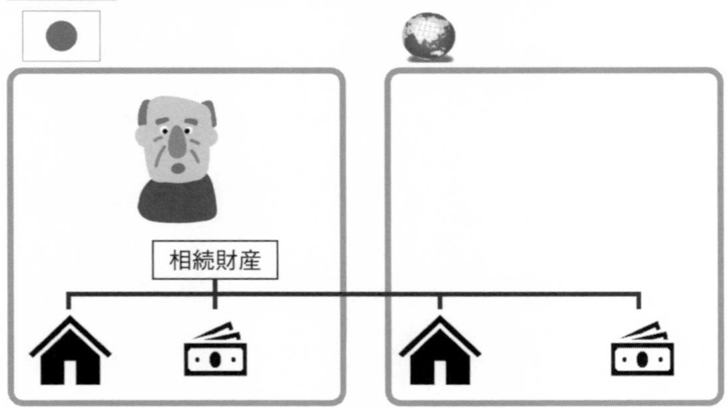

この場合、相続人等は、日本に住所があるか否か等により、無制限納税義務者となる場合と制限納税義務者となる場合に分かれる

■相続税の課税財産の範囲

相続人等／被相続人		国内に住所あり		国内に住所なし		
				日本国籍あり		日本国籍なし
		右記以外の者	一時居住者	10年以内に国内に住所あり	10年以内に国内に住所なし	
国内に住所あり						
	外国人被相続人	1	国内財産 2	3	国内財産 4	国内財産 5
国内に住所なし	10年以内に国内に住所あり	国内財産・国外財産のすべて				
	外国人（非居住被相続人）		国内財産		国内財産	国内財産
	10年以内に国内に住所なし（非居住被相続人）		国内財産		国内財産	国内財産

2 各相続人の課税財産の範囲

被相続人が表題に該当する場合に、その相続人等の課税財産の範囲は、各相続人等の住所や国籍等により次の①～⑦のとおりとなります。

① 日本人で、日本に住所がある場合（表の1）

相続人等が、相続開始の時に日本人で、日本に住所があるときは、その相続人等は「一時居住者」に当たることはないので、上表の1に当たります。よって、その相続人等は「無制限納税義務者」になります。

② 日本人で、外国に住所がある（出国後10年以内）場合（表の3）

相続人等が、相続開始の時に、日本人で日本に住所がなく、相続開始前10年以内に日本に住所がある（出国後10年以内である）ときは、上表の3に当たります。よって、その相続人等は「無制限納税義務者」になります。

③ 日本人で、外国に住所がある（出国後10年超）場合（表の4）

相続人等が、相続開始の時に、日本人で日本に住所はなく、相続開始前10年以内にも日本に住所がない（出国後10年超である、または、そもそも日本に居住していない）場合は、上表の4に当たります。よってその相続人等は、「制限納税義務者」になります。

④　外国人（別表第二の在留資格）で、日本に住所がある場合（表の1）

相続人等が、相続の時に、別表第二の在留資格（日本人の配偶者等など）により日本に住所を有する外国人である場合は、その相続人等は、「一時居住者」に当たることはないので、上表の1に当たります。よって、「無制限納税義務者」になります。

☛　第２章Ⅰ①表「※１　一時居住者」
☛　第２章Ⅰ①「1　在留資格とは」

⑤　外国人（別表第一の在留資格）で、日本に住所があり、相続前15年以内に日本に住所を有していた期間の合計が10年を超える場合（表の1）

相続人等が、表題の場合は、その相続人等は、「一時居住者」に該当しませんので、上表の1に当たります。よって、その相続人等は「無制限納税義務者」になります。

⑥　外国人（別表第一の在留資格）で、日本に住所があり、相続前15年以内に日本に住所を有していた期間の合計が10年以下の場合（表の2）

相続人等が、表題の場合は、その相続人等は「一時居住者」に該当しますので、上表の2に当たります。よって、その相続人等は「制限納税義務者」になります。

⑦　外国人で、外国に居住する場合（表の5）

相続人等が、相続時に、日本に住所を有していない（外国に居住している）外国人であるときは上表5に当たります。よって、その相続人等は、「制限納税義務者」になります。

ポイント

●例えば、被相続人はX国籍で、別表第一の在留資格により日本に居住しているときに死亡した。相続人Aは、X国に居住しX国籍であり、X国に所在する財産を相続した（上表の5）。この場合、相続人Aは制限納税義務者になるため、Aが相続したX国に所在する財産には、日本の相続税は課税されない。

⑥ 相続税の課税範囲⑥ ～被相続人は、相続時は海外に居住していたが、相続前10年以内に日本に住所があり、かつ、日本に居住していた期間を通じて日本国籍を有していなかった（＝外国人であった）場合

1 相続税の課税財産の範囲

相続開始の時に海外に居住していた被相続人が、相続開始の前10年以内に日本に居住し住所を有していた期間があり、日本に住所を有していた期間のいずれの時も日本国籍を有していなかった（＝外国人であった）ときは、各相続人等は、相続時の住所や国籍により、「無制限納税義務者」と「制限納税義務者」に分かれます。

☛　第２章Ⅰ①表「※３　外国人（非居住被相続人）」

被相続人　海外に居住（出国後10年内）
※日本に居住している期間を通じて外国人

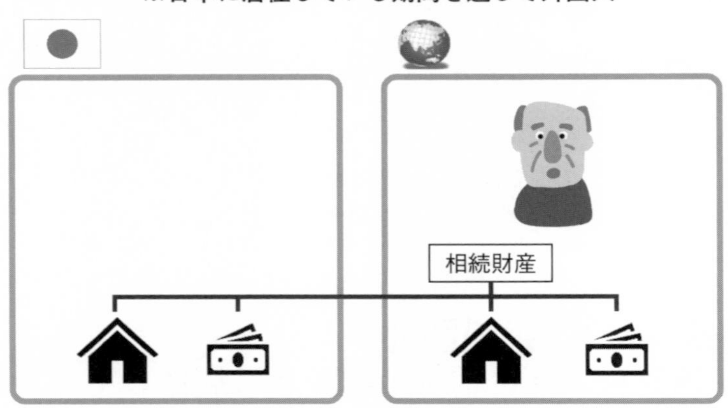

この場合、相続人等は、日本に住所があるか否か等により、無制限納税義務者と制限納税義務者に分かれる。

■相続税の課税財産の範囲

被相続人＼相続人等		国内に住所あり		国内に住所なし		
				日本国籍あり		
		右記以外の者	一時居住者	10年以内に国内に住所あり	10年以内に国内に住所なし	日本国籍なし
国内に住所あり						
	外国人被相続人		国内財産		国内財産	国内財産
国内に住所なし	10年以内に国内に住所あり		国内財産・国外財産のすべて			
	外国人（非居住被相続人）	[1]	国内財産 [2]	[3]	国内財産 [4]	国内財産 [5]
	10年以内に国内に住所なし（非居住被相続人）		国内財産		国内財産	国内財産

2 各相続人の課税財産の範囲

被相続人が表題に該当する場合に、その相続人等の課税財産の範囲は、各相続人等の住所や国籍等により次の①～⑦のとおりとなります。

①　日本人で、日本に住所がある場合（表の[1]）

相続人等が、相続開始の時に日本人で、日本に住所があるときは、その相続人等は「一時居住者」に当たることはないので、上表の[1]に当たります。よって、その相続人等は「無制限納税義務者」になります。

②　日本人で、外国に住所がある（出国後10年以内）場合（表の[3]）

相続人等が、相続開始の時に、日本人で日本に住所がなく、相続開始前10年以内に日本に住所がある（出国後10年以内である）ときは、上表の[3]に当たります。よって、その相続人等は「無制限納税義務者」になります。

③　日本人で、外国に住所がある（出国後10年超）場合（表の[4]）

相続人等が、相続開始の時に、日本人で日本に住所はなく、相続開始前10年以内にも日本に住所がない（出国後10年超である、または、そもそも日本に居住していない）場合は、上表の[4]に当たります。よってその相続人等は、「制限納税義務者」になります。

④　外国人（別表第二の在留資格）で、日本に住所がある場合（表の[1]）

相続人等が、相続の時に、別表第二の在留資格（日本人の配偶者等など）により日本に住所を有する外国人である場合は、その相続人等は、「一時居住者」に当たることはないので、上表の[1]に当たります。よって、「無制限納税義務者」になります。

☛　第２章Ⅰ①表「※１　一時居住者」
☛　第２章Ⅰ①「1　在留資格とは」

⑤　外国人（別表第一の在留資格）で、日本に住所があり、相続前15年以内に日本に住所を有していた期間の合計が10年を超える場合（表の[1]）

相続人等が、表題の場合は、その相続人等は、「一時居住者」に該当しませんので、上表の[1]に当たります。よって、その相続人等は「無制限納税義務者」になります。

⑥　外国人（別表第一の在留資格）で、日本に住所があり、相続前15年以内に日本に住所を有していた期間の合計が10年以下の場合（表の[2]）

相続人等が、表題の場合は、その相続人等は「一時居住者」に該当しますので、上表の[2]に当たります。よって、その相続人等は「制限納税義務者」になります。

⑦　外国人で、外国に居住する場合（表の[5]）

相続人等が、相続時に、日本に住所を有していない（外国に居住している）外国人であるときは上表の[5]に当たります。よって、その相続人等は「制限納税義務者」になります。

ポイント

●例えば、被相続人は、生まれてから死ぬまでＸ国籍を有し、相続時はＸ国に居住していたが、相続の７年前は日本に居住していた。相続人ＡはＸ国籍でＸ国に居住している（上表の[5]）。この場合、相続人Ａは、制限納税義務者になるため、Ａが相続したＸ国に所在する財産には、日本の相続税が課税されない。

Ⅲ 国外財産の評価

① 国外財産の評価が必要なとき ～無制限納税義務者が国外財産を取得した場合

日本の相続税の計算において、無制限納税義務者が国外財産を取得したときは、国外財産の評価が必要です。

制限納税義務者は、国外財産は相続税の対象外ですから、相続税の計算において国外財産を評価する必要ありません。

ポイント

● 無制限納税義務者が国外財産を取得した場合に、国外財産の評価が必要になる。

② 国外財産の評価「原則的な考え方」

1 原則的な考え方

財産の価額は、その財産の相続日（以下「課税時期」という）の時価により、債務の金額は課税時期の現況により評価します（相法22）。その原則に従う財産の時価評価の実務として、一般に、財産評価基本通達が定める評価方法により時価評価が行われています（評基通1⑵）。

国外財産についても、国内財産と同様に財産評価基本通達により評価しますが、財産評価基本通達によって評価することができない国外財産については、財産評価基本通達による評価方法に準じて、または売買実例価額、精通者意見価格等を参酌して評価します（評基通5－2）。

ポイント

- 国内財産と同様に、基本的には、財産評価基本通達により評価をする。
- 通達により評価できないときは鑑定評価などにより評価する。

2 取得価額または譲渡価額を基礎にした時価評価ができる場合

国外財産で、財産評価基本通達の定めによって評価することができない財産については、課税上弊害がない限り、その取得価額を、合理的な価額変動率（その財産が所在する地域等における、その財産と同一種類の財産の一般的な価格動向）に基づき課税時期に時点修正した価額、または課税時期後の譲渡価額を基に課税時期現在の価額として算出した価額により評価することができます（評基通5－2注書）。

課税上弊害がある場合とは、例えば、その財産を親族から低額で譲り受けたものであるときや、債務の返済等のため売り急ぎがあったときなど、その取得価額や譲渡価額が、その時の適正な時価であると認められない場合や、時点修正をするための合理的な価額変動率がない場合などをいいます（国税庁質疑応答事例「国外財産の評価—取得価額等を基に評価することについて課税上弊害がある場合」）。

ポイント

- 取得価額や譲渡価額を時点修正した価額により評価できる場合がある。

③ 邦貨換算

1 邦貨換算の方法

外貨建て財産および国外財産の邦貨換算は、納税義務者（相続人または受遺者）の取引金融機関が公表する課税時期における最終の「対顧客直物電信買相場（TTB）」または「これに準ずる相場」により行います。課税時期に相場がない場合には、課税時期前の相場のうち、課税時期に最も近い日の相場とします。

なお、先物外国為替契約を締結していることにより為替相場が確定している場合には、その確定している為替相場によります。

外貨建て債務の邦貨換算は、上記規定中、「対顧客直物電信買相場（TTB）」を「対顧客直物電信売相場（TTS）」と読み替えて適用します（評基通4－3）。

2 取引金融機関

取引金融機関は、原則として相続人等の取引している金融機関をいいますが、被相続人の預金等を相続した場合のその金融機関を含みます。また、外貨預金等、取引金融機関が特定されている財産債務については、その金融機関をいい、取引金融機関が特定されておらず複数ある場合には、納税義務者の選択した取引金融機関とします（国税庁質疑応答事例「国外財産の評価―取引金融機関の為替相場(2)」）。

なお、取引金融機関には銀行、信用金庫、証券会社、ゆうちょ銀行および農業協同組合などが含まれます。

3 対顧客直物電信買（売）相場（TTB・TTS）とこれに準ずる相場とは

対顧客直物電信買（売）相場という名称は、従来、外国為替公認銀行が使っていたもので、証券会社等では使われていないことから、財産評価基本通達では、「対顧客直物電信買（売）相場またはこれに準ずる相場」という表現を使っています。「これに準ずる相場」とはTTB・TTSと同様に顧客から外貨を買う（売る）ときの邦貨建ての為替相場として公表される指標性のある為替相場をいいます（国税庁質疑応答事例「取引金融機関の為替相場(1))。

4 各相続人が異なるTTBやTTSを使用する場合

外国為替業務を行う金融機関はそれぞれ独自に為替相場を決めることができるので、金融機関により異なるTTBおよびTTS（またはこれに準ずる相場）が公表される場合もあります。

したがって、同一の不動産を複数の者の共有として相続した場合に、各相続人が異なる金融機関を選択し、その金融機関の公表するTTBが異なっている場合には、各相続人の共有持分に相当する邦貨換算額が異なる場合もあり得ます（国税庁質疑応答事例「国外財産の評価―取引金融機関の為替相場(2)」）。

ポイント

- 外貨建ての財産は、対顧客直物電信買相場（TTB）により、外貨建て債務は対顧客直物電信売相場（TTS）により邦貨換算を行う。
- 先物外国為替契約を締結している場合には、その為替相場により邦貨換算を行う。
- 外貨預金など金融機関が特定されている場合は、その金融機関、特定されていない場合は、相続人の選択した取引金融機関のTTBおよびTTSにより邦貨換算を行う。

④ 海外に所在する土地の評価

1 国外に所在する土地の評価方法

国外に所在する土地については、原則として、売買実例価額、地価の公示制度に基づく価格および鑑定評価額等を参酌して評価します。

また、課税上弊害がない限り、取得価額または譲渡価額に時点修正するための合理的な価額変動率を乗じて評価することができます。この場合の合理的な価額変動率は、公表されている諸外国における不動産に関する統計指標等を参考に求めることができます。

地価の公示制度については、韓国では「不動産価格公示および鑑定評価に関する法律」が定められ、標準地公示価格が公示されています（評基通5－2。国税庁質疑応答事例「国外財産の評価―土地の場合」）。

実務では、鑑定評価によることが多いと思います。

韓国と台湾は、公示された地価があり、現地の税理士に依頼し、評価してもらいます。

2 国外で相続税に相当する税が課せられた場合

相続財産である土地が所在する国で、外国の相続税に相当する税が課せられた場合に、その課税価格が鑑定評価によるときなどで、課税時期における時価として合理的に算定されたものであれば、その価額によって、日本の相続税の計算上も使用することができます。

ただし、その価額が例えば外国の税法の小規模宅地等の特例のような課税上の特例を適用し減額された後のものであるときは、その価額によることはできません（国税庁質疑応答事例「国外財産の評価―国外で相続税に相当する税が課せられた場合」）。

3 借地権割合、借家権割合の適用

貸宅地、貸家建付地、貸家等の借地権割合や借家権割合を乗じて計算する評価方法は、日本の借地借家法の適用を前提としているため、国外に所在する不動産については、これらの適用はできません。

ポイント

- 海外に所在する土地は、売買実例価額、鑑定評価額、地価の公示制度に基づく価格等により評価する。
- 外国の相続税の課税価格の計算の基となった価額が時価として合理的に算定された価額であれば、その価額によって評価することができる。
- 外国に所在する不動産に対し、日本の借地借家法の適用を前提とした借地権割合、借家権割合を乗じる評価方法の適用はない。

⑤ 外国の証券取引所に上場されている株式の評価

1 外国の証券取引所に上場されている株式の評価

外国の証券取引所に上場されている株式は、国内における上場株式と同様に課税時期における客観的な交換価値（時価）が明らかとなっていますから、財産評価基本通達に定める「上場株式」の評価方法に準じて評価します（評基通５−２。国税庁質疑応答事例「外国の証券取引所に上場されている株式の評価」）。

2 上場株式の評価

その株式が上場されている金融商品取引所（２以上の金融商品取引所

に上場されている株式については、納税義務者が選択した金融商品取引所とする）における課税時期の最終価格によって評価します。

ただし、その最終価格が課税時期の属する月以前３か月間の毎日の最終価格の各月ごとの平均額のうち最も低い価額を超える場合には、その最も低い価額によって評価します（評基通169(1)）。

ポイント

- 外国の証券取引所に上場されている株式は、国内の証券取引所に上場されている株式と同様の評価方法により評価する。

⑥ 取引相場のない外国法人の株式の評価①～原則的な考え方

非上場会社の株式評価は、財産評価基本通達178～189−７に定められていますが、それらの通達の解説を含め、内国法人や外国法人に区別した内容ではないことから、外国法人※の非上場株式についても内国法人と同様に、財産評価基本通達により評価をするものと考えられます。しかし、外国法人の非上場株式は、外国法人の株式であるがゆえの修正が求められる部分があります。

※外国法人とは、国内に本店または主たる事務所を有しない法人をいいます（法法２三、四）。

ポイント

- 外国法人の非上場株式についても、内国法人の非上場株式と同じく、財産評価基本通達に基づき評価する。
- しかし、外国法人の非上場株式は、外国法人の株式であるがゆえの修正がある。

⑦ 取引相場のない外国法人の株式の評価②～原則的評価方法

1 支配的な株主が保有する株式の評価

法人の支配的な株主が有する非上場株式は、原則的評価方法である「純資産価額」または「類似業種比準価額」または「これらの折衷」のいずれかにより評価をします（評基通５－２、178、179）。

2 類似業種比準価額に準じて評価することの可否

外国法人の株式については、類似業種比準価額に準じて評価することはできません。

これは、類似業種株価等の計算の基となる標本会社は、日本の金融商品取引所に株式を上場している内国法人を対象としており、外国法人とは一般的に類似性を有しているとは認められないためです。よって外国法人の株式は、純資産価額により評価します（国税庁質疑応答事例「国外財産の評価―取引相場のない株式の場合⑴」）。

3 純資産価額における「評価差額に対する法人税額等に相当する金額」

外国法人の株式を純資産価額により評価をする際に、控除すべき「評価差額に対する法人税額等に相当する金額」は、その国において、日本の法人税、事業税、道府県民税および市町村民税に相当する税が課されている場合には、評価差額に、それらの税率の合計に相当する割合を乗じて計算することができます（国税庁質疑応答事例「国外財産の評価―取引相場のない株式の場合⑴」）。

4 外貨による純資産価額の邦貨換算

外国法人の株式を純資産価額により評価する際の邦貨換算は、原則として、外貨ベースの１株当たりの純資産価額を計算した後に、課税時期のTTBを乗じて行います。

例外として、資産や負債が２カ国以上に所在しているなどの場合は、資産や負債ごとに、それぞれ邦貨換算した上で「１株当たり純資産価額」を計算することもできます（国税庁質疑応答事例「国外財産の評価―取引相場のない株式の場合⑵」）。

ポイント

- 類似業種比準価額は、外国法人の株式について適用できない。
- 純資産価額における「評価差額に対する法人税額等に相当する金額」の計算において、その外国法人が所在する国の法人税等の税率の合計の割合を使用することができる。
- 邦貨換算については原則として、外貨ベースで１株当たりの純資産価額を計算した後、TTBにより邦貨換算を行う。
- 邦貨換算の例外として、資産や負債が２か国以上に所在している場合は、資産や負債ごとに、それぞれ邦貨換算した上で「１株当たり純資産価額」を計算することもできる。

⑧ 取引相場のない外国法人の株式の評価③～配当還元方式

1 少数株主が保有する株式の評価

法人の少数株主が有する非上場株式については、配当還元方式により評価します（評基通188）。

外国法人の株式も、少数株主の保有する非上場株式ついては、財産評価基本通達の配当還元方式により評価をすると考えます。

2 10％の還元率を外国株式についても一律で適用することの当否

配当還元方式は、配当金額（直前期末以前２年間の合計額の２分の１相当額）を10％の還元率で割り戻し、元本である株式の価額を評価する方法です。

この10％の還元率ですが、理論的にはその国ごとに還元率は変わるべきものと考えられますが、国別の還元率は公表されていません。私見ですが、少なくともいわゆる先進諸国に所在する外国法人について、配当還元方式により株式を評価する際は、10％の還元率をそのまま使って評価しても差し支えないものと考えます。

先進諸国においては、株式の配当収益率について著しい差があるとまではいえませんし、財産評価基本通達（その解説を含め）においても内国法人の株式か外国法人の株式かについて区分していないことから、10％の還元率を国ごとに修正する必要はないと考えます。

ポイント

- 外国法人の株式も、少数株主の保有する非上場株式ついては、配当還元方式により評価をすると考える。
- いわゆる先進諸国に所在する外国法人の非上場株式については、配当還元方式の計算において、10％の還元率を使って評価しても差し支えないものと考える。

Ⅳ 国外財産に係る相続税の取扱い

① 海外に所在する土地に対する小規模宅地等の特例の適用

1 小規模宅地等の特例とは

小規模宅地等の特例とは、被相続人の親族が相続や遺贈により取得した財産のうち、被相続人等の事業の用または居住の用に供されていた宅地等のうち一定の要件を満たすものについて、限度面積までの相続税評価額が50～80％減額される特例です（措法69の４）。

2 宅地等の所在地

小規模宅地等の特例の適用要件については、宅地等の所在地に関する要件はないため、海外の所在する宅地等でも、他の要件を満たせば適用を受けることができます。

ポイント

●小規模宅地等の特例は、宅地等の所在地に関する要件がない。

Q

被相続人は、ハワイに賃貸用物件を保有し貸付事業を行っていました。この場合、この賃貸物件の敷地に対し小規模宅地等の特例（200m^{2}まで50％評価減）を適用できますか。

A

ハワイに所在する宅地等であっても、事業承継要件や保有継続要件など、貸付事業用宅地等の要件を満たせば、小規模宅地等の特例を適用することができます。

②　外国の保険業者から受け取る死亡保険金

1　相続税の課税対象額

被相続人の死亡によって取得した生命保険金や損害保険金（以下「死亡保険金」）で、その保険料の全部または一部を被相続人が負担していたものは、相続財産とみなされ相続税の対象となります（相法３①一）。

相続税の対象となる死亡保険金のうち、「500万円 × 法定相続人の数」までの金額は非課税となります（相法12①五）。

2　外国保険業者から受け取る死亡保険金

外国保険業者と締結する生命保険契約または損害保険契約に基づく死亡保険金も、相続財産とみなされます（相令１の２①一、②一）。

外国保険業者とは、保険業法２条６項に規定する外国の法令に準拠して外国において保険業を行う者で、日本の保険業の免許を受けていない保険業者をいいます。

ポイント

- 外国保険業者と締結した生命保険契約および損害保険契約による死亡保険金も、相続財産とみなされ相続税の対象となる。

③ ジョイント・アカウントに対する日本の課税

1 ジョイント・アカウントとは

国外の銀行には、ジョイント・アカウント（ジョイント口座）という、2名以上の名義人（共同名義人）で開設する預金口座があります。夫婦や親子が、生活費に充てる資金などを共有するために開設することが多いようです。

一方の名義人が死亡した場合に、「生存者受取権」が付いている口座であれば、預金残高は自動的に生存している名義人に帰属しますので、プロベートは不要です。

☛ 第3章「Ⅱ 『包括承継主義』と『管理清算主義・プロベート』」

2 ジョイント・アカウントに対する日本の課税

次の設例を基に、日本におけるジョイント・アカウントの課税関係を説明します。

【設例】

夫婦でジョイント・アカウントを開設した場合で、口座への入金の原資は全て夫の預金であり、妻に収入はないとき。

① 口座開設時の課税

設例の口座開設時の残高の2分の1について、相続税法9条のみなし贈与が行われるのか、という疑問が生じます。この問題については、開設時における夫婦間の口座の使途についての合意の内容によりますが、共同の生活費に充てるためのもので、それを超えて妻に自由に処分できる権利が与えられていないなら、相続時の名義預金※の取扱いと同様に、夫の財産として扱われ、贈与税の課税はないものと考えます。

※**名義預金**…相続税の実務で、例えば、親族名義の預金があるとき、その預金の資金の出どころが被相続人の財産であることから被相続人の財産と認

められる場合のその預金をいいます。名義預金はその名義にかかわらず、被相続人の相続財産として扱われます（国税庁「相続税の申告書作成時の誤りやすい事例集」）。

ポイント

●ジョイント・アカウントを開設したときに、口座への資金の拠出者が、どちらか一方であるときは、相続時の名義預金の取扱いと同様に拠出者の財産として扱われ、贈与税の課税はないものと考える。

②　資金を口座から引き出したときの課税

妻が口座から引き出した資金が、被扶養者の生活費や教育費に充てるために通常必要なものであれば、贈与税は課されません（相続税法21の３①２）。妻が、それ以外の目的で資金を使用し、返還しないときは、贈与税の課税対象になります。

ポイント

●被扶養者が、ジョイント・アカウントから資金を引き出したときで、その資金が生活費や教育費に充てるために通常必要なものであれば、贈与税は課されない。

③　夫の相続時の課税

口座開設時から相続時まで、妻名義の持分（１／２）について夫の名義預金としての実体がある場合は、妻名義の残高を含め口座の残高は、すべて夫の相続財産として相続税の課税対象になります。

ポイント

●資金の拠出者が死亡した時に、資金を拠出していない者の持分について名義預金としての実体がある場合は、口座の残高は、すべて資金拠出者の相続財産としての課税対象になる。

④ ジョイント・テナンシーに対する課税

1 ジョイント・テナンシーとは

アメリカ各州の州法により制度化され一般に利用されているジョイント・テナンシー（合有財産権）とは、２名以上の者による不動産などの共同所有の一形態です。この形態による財産所有者のことをジョイント・テナンツ（合有権者）といいます。ジョイント・テナンシーの創設のためには、①２名以上の者が同時に所有権を取得すること、②全員が同一の証書によって所有権を取得すること、③各自の持分が均等であること、④全員が財産全体を占有していることの４つの要件が充足されなければならず、書面でその旨を定めることが必要です。

ジョイント・テナンシーの最大の特質は、合有権者の１人が死亡した場合、その有した持分が相続の対象とならずに、survivorship（生存者への権利の帰属）の原則に基づいて、生存する他の合有権者に移転・帰属することにあります。それは、相続を規制している法律によるのではなく、ジョイント・テナンシーが創設された譲渡証書または契約書の効力によって、死亡した者の持分が生存する合有権者に均一に移転・帰属するということです。合有権者には持分の分配を決定する権限はなく、これは遺言によっても変更することはできません。

2 ジョイント・テナンシーのメリット・デメリット

ジョイント・テナンシーのメリットは、死亡した合有権者の持分の移転は、相続の対象とされないため、プロベートという煩雑な相続手続が不要な点です。デメリットは、持分を合有権者以外の者へ承継させることができない点です。不動産の購入時に、その点をよく理解せずに、夫婦でジョイント・テナンシーの形態で購入すると、夫の相続時に、夫の持分を妻が承継することになり、子供に相続させることはできません。また、下記で説明する「日本の贈与税」や、「アメリカの贈与税」が課される場合があるということもデメリットです。

☛　第３章Ⅱ「『包括承継主義』と『管理清算主義・プロベート』」

3 日本の課税の取扱い

日本の課税関係を次の設例を基に説明します。

【設例】

夫婦でジョイント・テナンシーにより不動産を購入した場合で、購入の原資は全て夫の預金であり、妻に収入がないとき。

①　取得時：妻の持分に贈与税

相続税法９条は、“対価を支払わないで利益を受けた場合には、利益を受けた時に、利益を受けた者が、利益の価額を贈与により取得したものとみなす”としています（みなし贈与）。また、相続税法基本通達９−９は、“対価の授受がなく、他の者の名義で新たに不動産、株式等を取得した場合には、原則として贈与があったものとして取り扱う”としています。

よって、設例では、ジョイント・テナンシーの創設時において、自己の持分（1/2）に応じた資金を拠出することなく、その持分を取得した妻は、自己の持分（1/2）を超え、購入資金を拠出した夫から、その超える金額に相当する贈与を受けたものとして、贈与税が課されると考えられます。

名古屋地裁平成29年10月19日判決の事案では、カリフォルニア州のコンドミニアムを夫婦でジョイント・テナンシーにより取得した際、資金の拠出者が夫のみであったところ、税務署が、妻の持分１/２について相続税法９条のみなし贈与に当たるとして贈与税の課税を行ったことの当否が争われましたが、同判決はみなし贈与として課税した税務署の処分を適法なものと認めました。この判決は控訴されることなく確定しています。

ポイント

- ジョイント・テナンシーの創設時において、自己の持分（１/２）に応じた資金を拠出することなく持分を取得した者は、資金を拠出した者から贈与を受けたものとして、贈与税が課されると考えられる。

②　夫の相続時：夫の持分に相続税

上記の設例で、夫が先に死亡したときの課税を整理します。

国税庁の質疑応答事例では、課税の考え方を２通り述べています（ハワイ州に所在するコンドミニアムの合有不動産権を相続税の課税対象とすることの可否）。

〈考え方①〉

夫の死亡時に、夫の持分は生存合有権者である妻に移転しますので、妻の権利は増加します。この権利の増加は、相続税法９条のみなし贈与に該当します。よって、妻が被相続人（夫）から相続または遺贈により財産を取得している場合には、このみなし贈与を、相続開始前３年以内の贈与として相続税の課税価格に加算します（相法19①）。

〈考え方②〉

ジョイント・テナンシーは、“自分が死んだら、生存合有不動産権者に合有不動産の権利を無償で移転する”という合意によって創設されるので、その合意は実質的に死因贈与契約であるとみることもできます。よって、夫の死亡による妻への夫の持分の移転は、夫から死因贈与（遺贈）により取得したものとして相続税の課税対象としても差し支えないこととされています。

ポイント

- 資金の拠出者が死亡したときのその者の持分の移動は、①みなし贈与と考え、相続開始前３年以内の贈与として相続税の課税価格に加算するか、②夫から死因贈与（遺贈）により取得したものとして相続税の対象とするか、どちらかの方法により相続税が課税される。

4　アメリカの連邦贈与税と同連邦遺産税の取扱い

アメリカにおいても、ジョイント・テナンシーの設定に際し出資と取得した持分に不均衡がある場合には、不均衡の部分につき連邦贈与税の課税対象とされます。連邦贈与税は、贈与者に課されるため、自分の持分を超え資金を拠出した者が納税義務者になります。

また、合有財産権者の死亡によるその持分の承継については、相続によらない移転とされるものの、内国歳入法の規定により、連邦遺産税の課税対象とされます。連邦遺産税は被相続人に課されます。

なお、アメリカでは、連邦税の他に州税が課税されることがあります（山本英樹・税務大学校・税大論叢65号「海外財産を合有（ジョイント・テナンシー）により取得した場合の課税関係」P393)。

ポイント

- アメリカにおいても、ジョイント・テナンシーの設定に際し出資と取得した持分に不均衡がある場合には、連邦贈与税の課税対象とされる。
- 死亡による持分の承継については、連邦遺産税の課税対象とされる。

⑤ 国外財産の物納

1 物納制度の概要

国税は、金銭で納付することが原則ですが、相続税については、延納によっても金銭で納付することを困難とする事由がある場合には、納税者の申請により、その納付を困難とする金額を限度として相続財産による物納（金銭以外のものによる納税）が認められています（相法41①②）。

2 国外財産の物納の不可

物納に充てることができる財産は、国内に所在する財産に限定されており、国外に所在する不動産や外国法人の株式を物納に充てることはできません（相法41②）。

ポイント

- 国外財産は物納に充てることはできない。

V　外国税額控除

①　外国税額控除とは

　相続または遺贈により国外に所在する財産を取得した場合において、その財産について、その財産の所在する国の法令により日本の相続税に相当する税が課されたときは、その財産を取得した者の日本の相続税額から、その外国の相続税額を控除することができます（相法20の２）。

■外国税額控除のイメージ

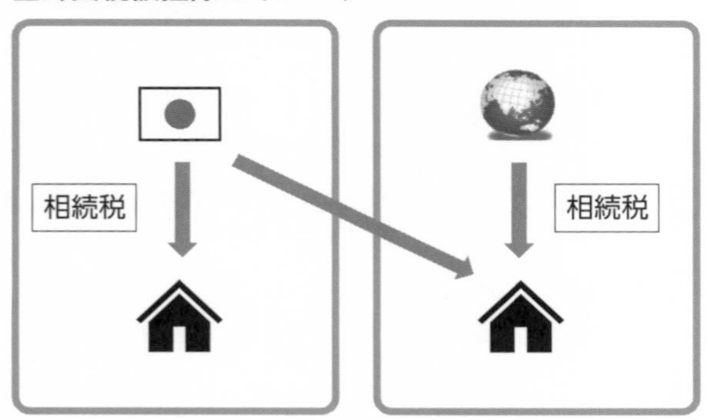

日本の相続税から、国外財産のある国の相続税を控除し、二重課税を排除する

1　適用要件

　次の要件をすべて満たす場合は、外国税額控除の適用を受けることができます。

①　相続または遺贈により国外財産を取得していること

②　その国外財産について、その財産の所在する国（地）域の法令によ

り日本の相続税に相当する税が課せられていること

③　無制限納税義務者であること※

※条文上、無制限納税義務者であることの要件は規定されていませんが、制限納税義務者は、外国税額控除額の計算が０円となり、結果として外国税額控除の適用はありません。

2 外国税額控除額

次の算式①か②のいずれか低い金額を外国税額控除として相続税額から控除することができます。

①　国外財産の所在する国で課された外国の相続税の金額

②　$\text{日本の相続税額}^{(※1)} \times \dfrac{\text{分母のうち国外財産の価額}^{(※2)}}{\text{相続税の課税価格の計算の基礎に算入された財産の価額}^{(※3)}}$

※１　配偶者税額軽減等の諸控除を控除した後の相続税額

※２　国外財産の価額の合計額から、その財産に係る債務の金額を控除した金額（相基通20の２－２）

※３　「課税価格計算の基礎に算入された金額」とは、債務控除をした後の金額（相基通20の２－２）

3 外国税額の円換算

外国の相続税額の邦貨換算は、その税金の納付すべき日における対顧客直物電信売相場（TTS）により行います。ただし、その納税資金を日本から送金する場合で、その送金が納期限よりも著しく遅延して行われる場合を除き、日本から送金する日の TTS によることもできます（相基通20の２－１）。

4 外国税額が控除しきれない場合

相続税の納付税額の計算上、外国税額控除で控除しきれない場合には、その者の納付税額は０円となります。外国で納付した相続税が日本で還付されることはありません（相基通20の２－４）。

5 外国税額控除の適用時期

外国税額控除の適用時期は、相続税法20条の２に「当該財産についてその地の法令により相続税に相当する税が課せられたときは」とあるので、外国の相続税の納付義務が確定したときと考えられます。

したがって、日本の相続税の申告期限までに外国の相続税額が確定していない場合には、外国税額控除を適用せずに申告を行い、外国の相続税額が確定した後に、更正の請求により外国税額控除を適用すると考えます。

ポイント

- 国外に所在する財産につき、その所在する国の法令により課税された外国の相続税を外国税額控除により控除する。
- 外国税額控除の邦貨換算は、外国の相続税の納期限における対顧客直物電信売相場（TTS）で行う。
- 外国税額控除による外国相続税の還付はない。
- 外国税額控除の適用時期は、外国の相続税の納付義務が確定したときと考えられる。

■相続税の申告書第１表

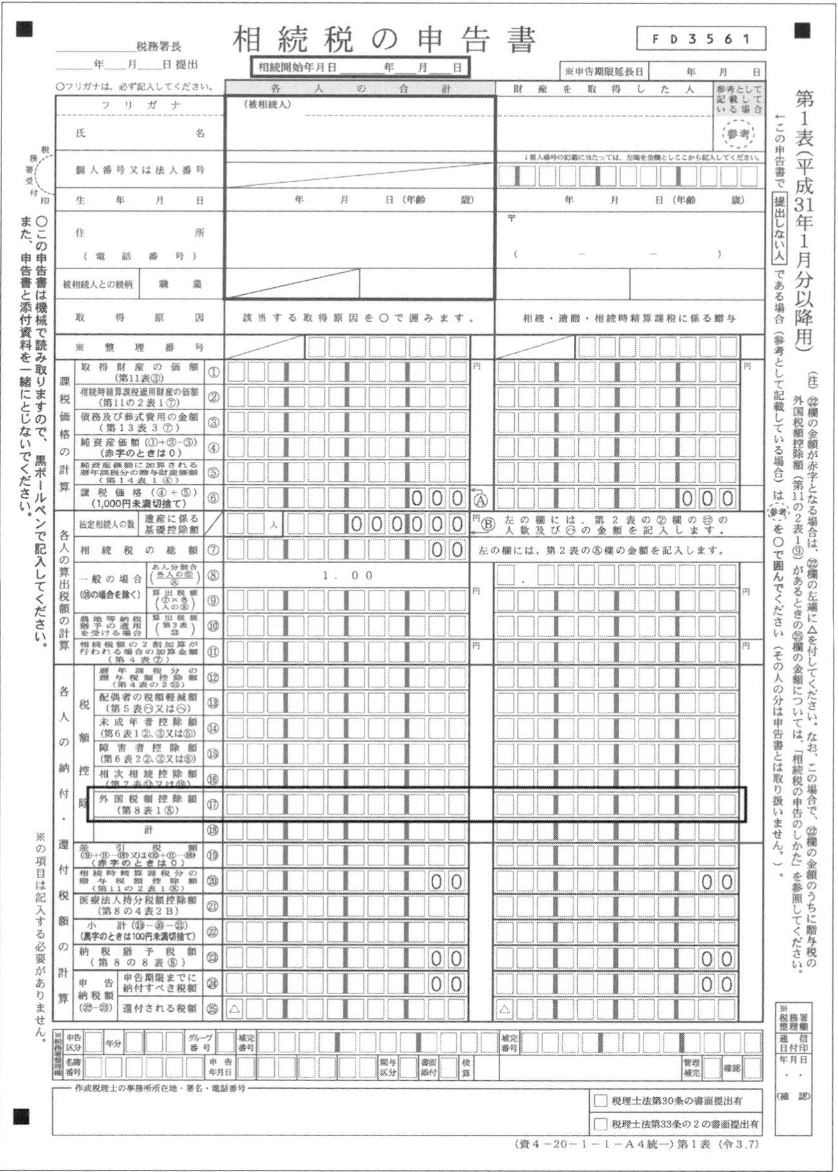

相 続 税 の 申 告 書　　ＦＤ３５６１

＿＿＿＿＿＿税務署長
＿＿＿年＿＿月＿＿日提出

相続開始年月日＿＿＿＿年＿＿月＿＿日

※申告期限延長日　年　月　日

○フリガナは、必ず記入してください。

	各人の合計	財産を取得した人	参考として記載している場合（参考）
フリガナ	（被相続人）		
氏名			
個人番号又は法人番号		↓個人番号の記載に当たっては、左端を空欄としここから記入してください。	
生年月日	年　月　日（年齢　歳）	年　月　日（年齢　歳）	
住所（電話番号）		〒（　－　－　）	
被相続人との続柄／職業			
取得原因	該当する取得原因を○で囲みます。	相続・遺贈・相続時精算課税に係る贈与	
※整理番号			

区分	項目	番号	各人の合計	財産を取得した人
課税価格の計算	取得財産の価額（第11表③）	①	円	円
	相続時精算課税適用財産の価額（第11の２表１⑦）	②		
	債務及び葬式費用の金額（第13表３⑦）	③		
	純資産価額（①＋②－③）（赤字のときは０）	④		
	純資産価額に加算される暦年課税分の贈与財産価額（第14表１④）	⑤		
	課税価格（④＋⑤）（1,000円未満切捨て）	⑥	000 Ⓐ	000
各人の算出税額の計算	法定相続人の数／遺産に係る基礎控除額		人　000000 円 Ⓑ	左の欄には、第２表の②欄の㋺の人数及び㋥の金額を記入します。
	相続税の総額	⑦	00	左の欄には、第２表の⑧欄の金額を記入します。
	一般の場合（⑩の場合を除く）　あん分割合（各人の⑥／Ⓐ）	⑧	1.00	．
	算出税額（⑦×各人の⑧）	⑨	円	円
	農地等納税猶予の適用を受ける場合　算出税額（第３表㉓）	⑩		
	相続税額の２割加算が行われる場合の加算金額（第４表⑦）	⑪	円	円
各人の納付・還付税額の計算	税額控除　暦年課税分の贈与税額控除額（第４表の２㉖）	⑫		
	配偶者の税額軽減額（第５表㋑又は㋥）	⑬		
	未成年者控除額（第６表１②、③又は⑥）	⑭		
	障害者控除額（第６表２②、③又は⑥）	⑮		
	相次相続控除額（第７表⑬又は⑱）	⑯		
	外国税額控除額（第８表１⑧）	⑰		
	計	⑱		
	差引税額（⑨＋⑪－⑱）又は（⑩＋⑪－⑱）（赤字のときは０）	⑲		
	相続時精算課税分の贈与税額控除額（第11の２表１⑧）	⑳	00	00
	医療法人持分税額控除額（第８の４表２Ｂ）	㉑		
	小計（⑲－⑳－㉑）（黒字のときは100円未満切捨て）	㉒		
	納税猶予税額（第８の８表⑧）	㉓	00	00
	申告納税額（㉒－㉓）　申告期限までに納付すべき税額	㉔	00	00
	申告納税額（㉒－㉓）　還付される税額	㉕	△	△

※税務署整理欄　申告区分　年分　グループ番号　補完番号　名簿番号　申告年月日　関与区分　書面添付　検算　管理補完　確認

※税務署整理欄　通信日付印　年月日　（確認）

作成税理士の事務所所在地・署名・電話番号

□ 税理士法第30条の書面提出有
□ 税理士法第33条の２の書面提出有

（資４－20－１－１－Ａ４統一）第１表（令3.7）

○この申告書は機械で読み取りますので、黒ボールペンで記入してください。また、申告書と添付資料を一緒にとじないでください。

※の項目は記入する必要がありません。

第１表（平成31年１月分以降用）

←この申告書で提出しない人である場合（参考として記載している場合）は、参考を○で囲んでください（その人の分は申告書とは取り扱いません。）。

（注）㉒欄の金額が赤字となる場合は、㉒欄の左端に△を付してください。なお、この場合で、㉒欄の金額のうちに贈与税の外国税額控除額（第11の２表１⑨）があるときの㉕欄の金額については、「相続税の申告のしかた」を参照してください。

■相続税の申告書第８表

外国税額控除額・農地等納税猶予税額の計算書

被相続人	

第８表（平成31年１月分以降用）

1　外国税額控除（この表は、課税される財産のうちに外国にあるものがあり、その財産について外国において日本の相続税に相当する税が課税されている場合に記入します。）

外国で相続税に相当する税を課せられた人の氏名	外国の法令により課せられた税			③ ①の日現在における邦貨換算率	④ 邦貨換算税額（②×③）	⑤ 邦貨換算在外純財産の価額	⑥ （⑤の金額／取得財産の価額）の割合	⑦ 相次相続控除後の税額×⑥	⑧ 控除額（④と⑦のうちいずれか少ない方の金額）
	国名及び税の名称	① 納期限（年月日）	② 税額						
		．．			円	円		円	円
		．．							
		．．							
		．．							
		．．							
		．．							

（注）１　⑤欄は、在外財産の価額（被相続人から相続開始の年に暦年課税に係る贈与によって取得した財産及び相続時精算課税適用財産の価額を含みます。）からその財産についての債務の金額を控除した価額を記入します。
２　⑥欄の「取得財産の価額」は、第１表の④欄の金額と被相続人から相続開始の年に暦年課税に係る贈与によって取得した財産の価額の合計額によります。
３　各人の⑧欄の金額を第１表のその人の「外国税額控除額⑰」欄に転記します。

2　農地等納税猶予税額（この表は、農業相続人について該当する金額を記入します。）

農業相続人の氏名					
納税猶予の基となる税額（第３表の各農業相続人の⑫の金額）		①	円	円	円
相続税額の２割加算が行われる場合の加算金額（第4表⑦×①／第3表の各農業相続人の⑨の金額）		②			
納税猶予税額の計算上の税額控除額	税額控除額の計（第１表の各農業相続人の（⑱＋⑳）の金額）	③			
	第３表⑨の各農業相続人の算出税額	④			
	相続税額の2割加算が行われる場合の加算金額（第4表⑦×④／第3表の各農業相続人の⑨の金額）	⑤			
	（③－（④＋⑤））の金額（赤字のときは０）	⑥			
農地等納税猶予税額（①＋②－⑥）（100円未満切捨て、赤字のときは０）		⑦	00	00	00

（注）各人の⑦欄の金額を第8の8表のその人の「農地等納税猶予税額①」欄に転記します。なお、その人が、他の相続税の納税猶予等の適用を受ける場合は、第8の7表の⑰欄の金額を第8の8表のその人の「農地等納税猶予税額①」欄に転記します。

第８表（令3.7）　　（資４－20－９－１－Ａ４統一）

②　計算例～配偶者の外国税額控除「相続財産の取得の仕方により納付税額に差が出る場合」

設例

次のケースで、相続財産の取得の仕方により、配偶者と子の相続税の納付税額の合計値に違いはありますか。

・被相続人……日本国籍で、相続時には日本に居住
・相続人………配偶者と子
・財　産………日本にある不動産２億円と、台湾にある預金２億円
・台湾の相続税の納付税額……1,600万円
　※日本の相続税では配偶者も子も無制限納税義務者
　※台湾の相続税では、制限納税義務者（台湾の財産にのみ台湾の相続税が課税される）

❶　配偶者が国外財産を取得するパターン

●相続した財産……配偶者：台湾の預金　２億円
　　　　　　　　　子　　：国内の土地　２億円

⑴　配偶者の台湾の相続税の納税税額……1,600万円

⑵　配偶者の日本の相続税の納付税額……０円

日本の相続税（配偶者税額軽減後）０円－外国税額控除０円※＝０円

※外国税額控除額の計算

①　台湾の相続税額　1,600万円

②　日本の相続税額０円×$\frac{\text{2億円（国外財産の価額）}}{\text{2億円（相続税の課税価格）}}$＝０円

③　①と②の少ない方の金額　０円

⑶　子の日本の相続税の納付税額……5,400万円

⑷　⑴～⑶の計　7,000万円

②　配偶者が国内財産を取得するパターン

●相続した内容……配偶者：国内の土地　２億円
　　　　　　　　　子　　：台湾の預金　２億円

(1)　配偶者の日本の相続税の納付税額（配偶者税額軽減後）……０円

(2)　子の台湾の相続税の納付税額……1,600万円

(3)　子の日本の相続税の納付税額……3,800万円

5,400万円－外国税額控除1,600万円※＝3,800万円

※外国税額控除額の計算

①　台湾の相続税額1,600万円

②　日本の相続税額5,400万円×$\frac{\text{２億円（国外財産の価額）}}{\text{２億円（相続税の課税価格）}}$＝5,400万円

③　①と②の少ない方の金額　1,600万円

(4)　(1)～(3)　計　5,400万円

③　結論

①のパターンより②のパターンの方が相続税の納付税額の合計値が少ない。

子が、国外財産を取得した方が外国税額控除を適用できるため、家族全体の相続税の納付税額は低くなる。

ポイント

●配偶者は、配偶者税額軽減により、外国税額控除額が算出されないことがあるため、配偶者が国外財産を取得するよりも、子が国外財産を取得し外国税額控除を適用する方が、家族全体の相続税の納付税額は低くなることが多い。

３　「被相続人に課税された外国の相続税」の外国税額控除

日本では相続財産を取得した相続人や受遺者に相続税が課税されます

が、諸外国では「相続財産そのもの」に相続税が課税されることがあります。この場合は、一般に「被相続人が納税義務者」と表現されます。

この場合でも、相続人等に課税される日本の相続税額の計算上、その外国の相続税額を外国税額控除により控除することができます。

これは、相続税法20条の２に「相続または遺贈によりこの法律の施行地外にある財産を取得した場合において、当該財産についてその地の法令により相続税に相当する税が課せられたときは」とあり、その要件は、相続人等に外国の相続税が課されたということではなく、あくまで相続財産に対して外国の相続税が課せられた、ということだからです（国税庁質疑応答事例「贈与税に係る外国税額控除」）。

ポイント

●相続財産そのものに課された外国の相続税額も、相続人に課される日本の相続税額から控除することができる。

④「日本に所在する財産に外国の相続税が課税されたとき」の外国税額控除

被相続人や相続人が、その国籍や居住形態により、外国の相続税の無制限納税義務者（全世界課税）になるときは、日本に所在する財産に外国の相続税が課税されることがあります。

その場合は、日本の相続税額から外国の相続税額を外国税額控除により控除することができません。なぜなら、外国税額控除は、「国外財産に対し、その国外財産の所在する国で課された相続税」が対象となるからです。

この場合は、その国の税法における外国税額控除に相当する規定により、日本の相続税額を外国の相続税額から控除できるかを検討することになります。

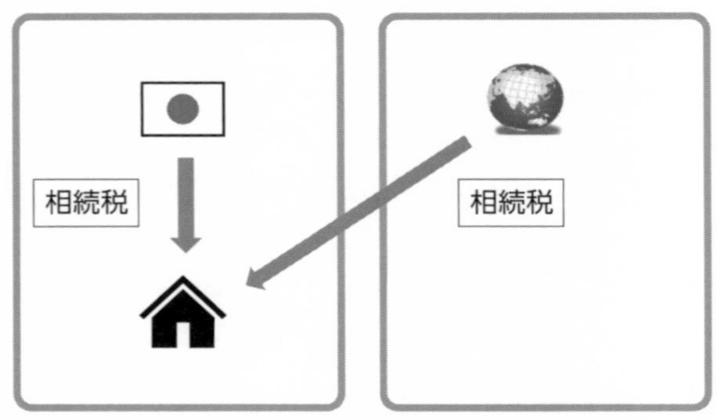

この場合、日本の相続税から、外国の相続税を控除することはできない。外国の相続税から日本の相続税を控除することを検討する

⑤ 日米相続税条約

1 日米相続税条約

相続税および贈与税に関して日本は唯一、アメリカとのみ租税条約を締結しています。一般に「日米相続税条約」といわれます。

日米相続税条約の正式名称は「遺産、相続および贈与に対する租税に関する二重課税の回避および脱税の防止のための日本国とアメリカ合衆国との間の条約」です。

2 租税条約と国内法との関係

日本では、租税条約と国内法の双方に同様の規定がある場合には、租税条約の規定が国内法に優先して適用されます（日本国憲法98②）。

3 対象税目

日米相続税条約が適用対象としている税目は、日本が相続税および贈与税で、米国が連邦遺産税および連邦贈与税です。米国の州または地方の遺産税、相続税または贈与税は日米相続税条約の対象になっていません。

☛ 第4章「Ⅲ　アメリカの相続税（連邦税）」

⑥ 第三国に所在する財産に対する相続税～日米相続税条約による調整

1 第三国に所在する財産に係る二重課税

日本の相続税法の外国税額控除は、“国外財産につきその国外財産の所在する国の法令により課された相続税に相当する税”が対象とされています。

よって、外国Ｂに所在する財産に対して、外国Ｂが課した相続税については、日本の相続税から外国税額控除により控除をすることはできますが、外国Ａが外国Ｂに所在する財産に対して課した相続税については、日本の相続税から外国税額控除により控除をすることはできません。

■日本でも外国Ａでも無制限納税義務者（全世界課税）になる場合

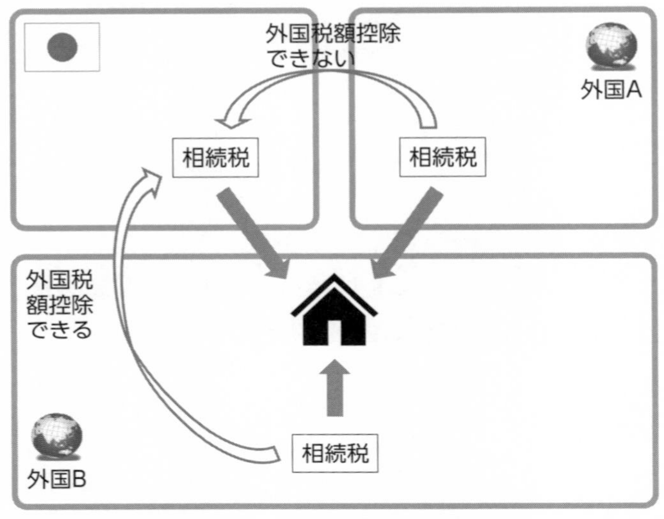

このような場合に、外国Ａがアメリカである場合には、日米相続税条約により、下記**2**の二重課税の調整が行われます。

しかし、外国Ａがアメリカ以外の国であった場合は、日本との租税条約がないため、この二重課税は解消しないことになります。

2 日米租税条約による調整

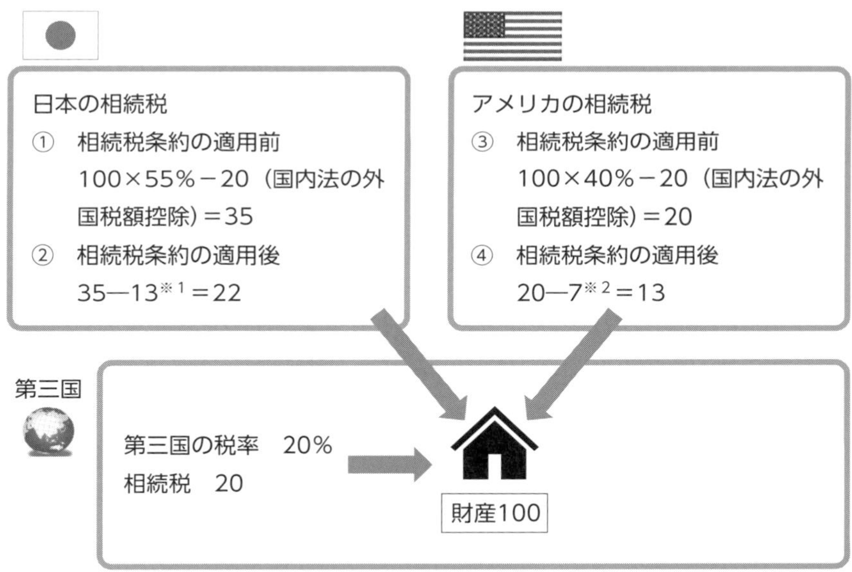

相続税の合計＝日本22＋アメリカ13＋第三国20＝55

【前提】

・被相続人：日本に住所を有していた米国人
（日本でも、アメリカでも無制限納税義務者に該当する。）

・相続財産：第三国に所在する不動産100

・税率：第三国20%、日本55%、米国40%

【租税条約による調整計算】（日米相続税条約５条２項）

・財産に係る日米両国の税額のうち、いずれか少ない税額
日本の税額35＞米国の税額20　∴米国の税額20

（少ない方の税額を両国間の租税額に比例して配分する）

・日本の控除額　20×35／（35＋20）≒13（※１）

・アメリカの控除額　20×20／（35＋20）≒７（※２）

ポイント

●第三国に所在する財産に、日米両国で課税があったときは、日米相続税条約により二重課税の排除の調整がある。

●日本とアメリカ以外の国が第三国に所在する財産に課税した場合には、相続条約がないため二重課税は解消されない。

Ⅵ 相続人・被相続人が海外居住者のとき

① 相続人が海外に居住しているときの「納税管理人」

1 納税管理人とは

日本に住所および居所を有しない個人や、日本に本店等を有しない外国法人が、納税申告書の提出や納税、還付金の受領等をする必要があるときは、日本に住所または居所を有する者のうちから納税管理人を定め、税務署に「納税管理人の届出書」を提出しなければなりません。

納税管理人は、日本国内に住所または居所を有する者であればよく、特別な資格は不要です。法人も納税管理人になることができます。

納税管理人を解任した場合は「納税管理人の解任届出書」の提出が必要です（通則法117①②）。

なお、納税管理人の届出書は、税目により用紙が異なります（「所得税・消費税」の届出書は224、225ページを参照）。

☛ 第２章Ⅰ「② 相続税法における『住所』の判定」

■相続税の納税管理人の届出書

税務署受付印

納税管理人届出書

<table>
<tr><td rowspan="7">令和＿年＿月＿日提出

＿＿＿＿税務署長</td><td>（フリガナ）
納税地</td><td>（〒　－　）
（電話　－　－　）</td></tr>
<tr><td>（フリガナ）
氏名又は名称</td><td></td></tr>
<tr><td>（フリガナ）
（法人等の場合）
代表者等氏名</td><td></td></tr>
<tr><td>個人番号又は法人番号</td><td>↓個人番号の記載に当たっては、左端を空欄とし、ここから記載してください。</td></tr>
<tr><td>生年月日</td><td>大正・昭和
平成・令和　＿年＿月＿日生</td></tr>
</table>

相続税
贈与税　の納税管理人として次の者を定めたので届出します。

<table>
<tr><td rowspan="4">納税管理人</td><td>（フリガナ）
住所又は居所</td><td>（〒　－　）
（電話　－　－　）</td></tr>
<tr><td>（フリガナ）
氏名又は名称</td><td></td></tr>
<tr><td>届出者との続柄（関係）</td><td></td></tr>
<tr><td>職業又は事業内容</td><td></td></tr>
<tr><td colspan="2">法の施行地外における住所又は居所となる場所</td><td></td></tr>
<tr><td colspan="2">納税管理人を定めた理由</td><td></td></tr>
<tr><td colspan="2">その他参考事項</td><td>(1)　出国（予定）年月日　平成・令和＿年＿月＿日
　　帰国（予定）年月日　平成・令和＿年＿月＿日
(2)　その他</td></tr>
</table>

関与税理士	（電話　－　－　）

<table>
<tr><td rowspan="3">税務署整理欄</td><td>番号確認</td><td>身元確認</td><td>確認書類</td><td>整理番号</td><td>名簿番号</td></tr>
<tr><td rowspan="2"></td><td rowspan="2">□　済
□　未済</td><td>個人番号カード／通知カード・運転免許証
その他（　）</td><td></td><td></td></tr>
<tr><td></td><td colspan="2"></td></tr>
</table>

（資３－21－Ａ４統一）（令3.3）

■相続税の納税管理人の解任届出書

税務署受付印

納税管理人解任届出書

令和＿＿年＿＿月＿＿日提出	(フリガナ) 納税地	(〒　　－　　) (電話　　－　　－　　)
	(フリガナ) 氏名又は名称	
	(フリガナ) (法人等の場合) 代表者等氏名	
＿＿＿＿税務署長	個人番号又は法人番号	↓個人番号の記載に当たっては、左端を空欄とし、ここから記載してください。
	生年月日	大正・昭和 平成・令和　＿＿年＿＿月＿＿日生

次の　相続税／贈与税　の納税管理人を解任したので届出します。

解任した納税管理人	(フリガナ) 住所又は居所	(〒　　－　　) (電話　　－　　－　　)
	(フリガナ) 氏名又は名称	
選任していたときの納税地		
納税管理人を解任した理由		
その他参考事項		

関与税理士	(電話　　－　　－　　)

税務署整理欄	番号確認	身元確認	確認書類	整理番号	名簿番号
		□ 済 □ 未済	個人番号カード／通知カード・運転免許証 その他(　　　　)		

(資3－22－A4統一)（令3.3）

2 納税管理人の届出がない場合

令和４年１月１日以後について、納税管理人の届出書を提出しない場合は、次の取扱いがあります（通則法117③）。

①　納税管理人の届出の提出の求め

納税管理人を定めるべき納税者が、納税管理人の届出をしなかったときは、所轄税務署長等は、その納税者に対し、納税管理人に処理させる必要があると認められる事項（以下「特定事項」という）を明示して、一定期日までに、納税管理人の届出をすべきことを書面で求めることができます。

②　納税管理人となることの求め

納税管理人を定めるべき納税者が納税管理人の届出をしなかったときは、所轄税務署長等は、特定事項の処理につき便宜を有する者（国内に住所または居所を有する者に限る。以下「国内便宜者」という）に対し、その納税者の納税管理人となることを書面で求めることができます。

③　納税管理人の指定

所轄税務署長等は、上記❶の求めを受けた納税者が指定日までに納税管理人の届出をしなかったときは、上記❷により納税管理人となることを求めた国内便宜者のうち一定の国内関連者（その納税者と生計を一にする配偶者その他の親族で成年に達した者等）に対して、特定事項を処理させる納税管理人として指定することができます。

3 納税管理人の事務範囲

納税管理人の事務範囲は、次のとおりです（通基通117関係２）。

①　国税に関する法令に基づく申告、申請、請求、届出その他書類の作成ならびに提出

②　税務署長等が発する書類の受領

③　国税の納付および還付金等の受領

納税管理人は、納税者の委託に基づき上記の事項を処理することを承諾した者であり、民法上の代理人としての性格を有しています。よって、その行為の結果は納税者本人に直接生じます。納税者が納税資金を納税管理人に送金しないなどで税金を滞納した場合、その租税債務者はあくまで納税者本人ですので、納税管理人が滞納処分の対象となることはありません。つまり、納税管理人に連帯納付義務はなく、納税管理人の財産が差し押さえられることはありません。

4 納税管理人が行うべき具体的な事務

① 税務書類の記載方法等

納税管理人が、納税者の申告書等の税務書類を提出するときは、納税者本人の氏名、住所または居所、個人番号（マイナンバー）だけでなく、納税管理人の氏名、住所または居所を合わせて記載しなければなりません（通則法124①）。

② 税金の納付と督促状の受領等

納税管理人は、納税者に代わって税金の納付をしますが、仮に納税者から納税資金が送られてこない場合に、納税管理人が立替え納付をする義務はありません。

納期限を過ぎても納付がない場合に税務署から送られてくる督促状は、納税管理人に送達されますが（通則法12①ただし書き）、それによって、納税管理人にその納付に係る責任が生じるわけではなく、納税管理人はそれを受け取り本人に転送するなどして本人の対応を促すことになります。

③ 還付金の受領

還付金がある場合は、還付金の入金口座は、非居住者である本人の口座ではなく、代理人である納税管理人の口座に送金されます（通基通117関係 2 (3)、国税庁「確定申告期に多いお問合せ事項Ｑ＆Ａ」税金の還付 Q47、48）。

ポイント

- 日本に住所および居所がない場合において、日本で税の申告等を行う必要があるときは、納税管理人を定めて届出を行わなければならない。
- 納税管理人は、日本国内に住所または居所を有する者であれば誰でもなれる。
- 納税管理人を解任したときも届出書の提出が必要。
- 令和３年度税制改正により、令和４年１月１日以後に納税管理人の指定等の制度が導入された。
- 納税管理人は、納税者の代理人として申告、納付、還付金の受領をする。
- 納税管理人に、連帯納付や立替納付の義務はない。

② 相続人が相続後に出国するときの申告期限

1 相続税の申告期限の原則

相続税の申告期限は原則として「相続があったことを知った日の翌日から10か月以内」です（相法27①）。

2 相続開始から申告期限までに出国する場合の申告期限

居住者である相続人や受遺者が、相続開始日から相続税の申告期限までの間に、納税管理人の届出書を提出しないで出国する（日本に住所および居所を有しないこととなる）ときは、その出国の日が相続税の申告期限・納期限になります（相法27①かっこ書き、33）（出国をしない他の相続人の申告期限は本来の申告期限のままです）。

納税管理人の届出書を出国の日までに提出をすれば、相続税の申告期限は原則とおり相続開始を知った日から10月以内のままです。

3 相続人が相続開始前から既に外国に居住している場合

相続人や受遺者が相続前から既に外国に居住している場合は、納税管理人の届出書を提出していなくても、原則の申告期限になり、上記2の申告期限の前倒しの扱いはありません。

なお、相続税の申告や納税義務がある者は、納税管理人を定めて届出書を提出する必要があります。

☛ 第２章Ⅵ「①　相続人が海外に居住しているとき『納税管理人』」

ポイント

- 相続開始日から相続税の申告期限までの間に、納税管理人の届出書を提出しないで出国をすると、その出国の日が相続税の申告期限・納期限になる。
- 納税管理人の届出書を提出すれば、本来の申告期限（10か月）のまま。
- 既に外国に居住している者は、納税管理人の届出書を提出していなくても、上記2の申告期限の前倒しの扱いはない。

③ 被相続人が海外に居住しているときの納税地

1 相続税の納税地

相続税の申告書は、相続税の納税義務がある相続人や受遺者の納税地を所轄する税務署長へ提出をします（相法27①）。

① 本則の納税地

相続税の原則の納税地は、相続人や受遺者の住所地等に応じて次のように定められています（相法62）。

①　相続時に日本に住所がある者（③に該当する者を除く）……その者の申告時の住所地（住所がないこととなったときは居所地）

②　相続時に日本に住所がない者……その者が定め申告した納税地※。その申告がないときは国税庁長官が指定した納税地

③　相続時に日本に住所があったが、申告前に日本に住所および居所を有しないこととなる者……②と同じ

※　「その者が定め申告した納税地」とは、文理解釈として、どこでも任意の場所を納税地として定めることができます。

❷　例外の納税地（被相続人の死亡の時の住所が日本国内にある場合）

被相続人の死亡時の住所が日本国内にある場合は、上記の本則の納税地ではなく、被相続人の住所地が相続税の納税地になります（相法附則３）。

相続税申告のほとんどが、これに該当します。

この規定は、相続税法の附則３条により「当分の間」の経過的措置として定められていますが、今のところ、この措置がなくなって本則に戻る見込みはありません。

2　被相続人の死亡の時の住所が国外にある場合

被相続人の死亡時の住所が国外にある場合は、上記❷例外の納税地（被相続人の住所地）が適用されませんので、❶の本則の納税地に従い、相続人ごとに納税地が決まります。

3　相続税申告書の共同提出

相続人等が複数いる場合に、その納税地の所轄税務署が同一のときは、一つの申告書を共同（連名）して提出することができます（相法27⑤、相令７）。

ポイント

●被相続人の相続時の住所が国内の場合は、経過措置により被相続人の住所地が納税地になる（相続税申告のほとんどがこれに該当する）。

●被相続人が国外で亡くなった場合は、例外（経過措置）の適用はなく、本則の納税地となり相続人ごとに決定される。

Q

被相続人の死亡時の住所は国外にありました。相続人甲の住所は日本のＡ市、相続人乙の住所は海外、相続人丙の住所は、相続時は日本のＢ市でしたが、申告前に海外に住所を移しました。この場合、甲乙丙が一つの相続税申告書を同じ税務署へ提出することができますか。

A

乙および丙が納税地としてＡ市を選択すれば、３名は共同して一つの申告書を提出することができます。

解説

相続人甲は、甲の住所のＡ市が納税地になります。乙は相続時に日本に住所を有しておらず、丙も相続時には日本に住所を有していたものの、申告時においては日本に住所を有していないことから、乙と丙は任意の場所を納税地と定めることになります。

乙および丙が納税地としてＡ市を選択すれば、甲乙丙３名の納税地はすべてＡ市となり、所轄税務署は同一になりますので、３名は共同して一つの申告書を提出することができます（東京国税局 課税第一部資産課税課　資産評価官「資産税審理研修資料」平成24年７月）。

ポイント

● 被相続人の住所が日本にない場合は、海外居住者の相続人の納税地を、日本居住者の相続人の住所地に定めることで、共同して一つの申告書を作成することができる。

④ 被相続人が海外に居住しているときの「海外の自宅への小規模宅地等の特例の適用」

1 小規模宅地等の特例とは

小規模宅地等の特例とは、被相続人の親族が相続や遺贈により取得した財産のうち、被相続人等の事業の用または居住の用に供されていた宅地等のうち一定の要件を満たすものについて、限度面積までの相続税評価額が50～80％減額される特例です（措法69の４）。

2 配偶者が取得した海外居住用物件

被相続人が居住の用に供していた宅地等で一定の親族が取得したものについては、その宅地等の330m^2以下の部分について相続税評価額が80％減額されます（措法69の４①②③二）。

配偶者が居住用宅地を取得した場合は、配偶者に関する要件はなく、居住地や国籍、宅地等の継続保有に関する要件はありません。

また、小規模宅地等の特例は、所在地に関する要件がないため、海外不動産も対象になります。

☛　第２章Ⅳ「①　海外に所在する土地に対する小規模宅地等の特例の適用」

ポイント

● 小規模宅地等の特例は、宅地等の所在地に関する要件がないため、国外の宅地等も対象となる。
● 被相続人が居住の用に供していた宅地等を配偶者が取得した場合には、その配偶者については、住所地や国籍、継続保有に関する要件はない。

Q

被相続人はオーストラリアに居住しており、この自宅を配偶者が相続しました（被相続人は日本から出国して10年が経過していないため、配偶者は無制限納税義務者となる）。

この場合、配偶者が取得したオーストラリアの自宅の敷地について、小規模宅地等の特例を適用できますか。

A

適用できます。

⑤ 相続人が海外に居住しているときの「日本の自宅への小規模宅地等の特例：海外居住者である家なき子」

■ 小規模宅地等の特例「家なき子」が取得した場合

被相続人が居住の用に供していた宅地等を一定の要件を満たす親族が取得した場合には、その宅地等のうち330m^{2}以下の部分について相続税評価額が80％減額されます。

その宅地等を取得した親族が、配偶者および同居親族以外の親族（いわゆる「家なき子」）である場合には、次のすべての要件を満たす必要があります（措法69の４③二ロ）。

①　取得した親族は、次のいずれかであること（措規23の２④）
　イ　無制限納税義務者
　ロ　国内に住所のない制限納税義務者のうち日本国籍がある者
②　被相続人に配偶者がいないこと
③　相続の直前において被相続人と同居していた相続人（相続の放棄があった場合には、その放棄がなかったものとした場合の相続人）がいないこと
④　相続前３年以内に取得者または取得者の配偶者、３親等内の親族または取得者と特別の関係にある一定の法人が所有する日本国内にある家屋（相続の直前に被相続人の居住していた家屋は含まない）に居住したことがないこと
⑤　相続開始時において取得者が居住していた家屋を過去に所有していたことがないこと
⑥　その宅地等を相続開始時から相続税の申告期限まで継続して有していること

ポイント

●小規模宅地等の特例のうち、いわゆる「家なき子」が取得した場合には、家なき子の居住地や国籍に制限がある。

Q

被相続人は相続時に日本の自宅に居住していました。配偶者は既になく、同居親族もいませんでした。この日本の自宅を海外に居住する子（日本国籍）が相続しました。

子は海外に居住したまま、日本の自宅の敷地について、小規模宅地等の特例の適用を受けることはできますか。

A

子は、無制限納税義務者に該当するため、上記**1**①の要件を満たします。

その他の要件（上記②～⑥）を満たせば、小規模宅地等の特例の適用を受けることができます。日本に帰国する必要はありません。

⑥ 相続人が海外に居住しているときの「障害者控除」

1 障害者控除

相続または遺贈により財産を取得した者が次の要件にすべて該当する場合には、その者の相続税額から障害者控除額を控除することができます（相法19の４）。

① 相続税の制限納税義務者でないこと
② 相続時に日本に住所があること
③ 被相続人の日本の民法における法定相続人であること
④ 障害者であること
⑤ 相続時に85歳未満であること

2 海外に居住する者の障害者控除

海外に居住する者は、上記②の「相続時に日本に住所があること」という要件に該当しないため、障害者控除の適用を受けることはできません。

ポイント

●海外居住者は、障害者控除を適用することができない。

⑦ 被相続人や相続人が海外に居住しているときに受け取る「死亡保険金」

1 相続税の課税対象

被相続人の死亡によって取得した生命保険金や損害保険金（以下「死亡保険金」という）で、その保険料の全部または一部を被相続人が負担していたものは、相続財産とみなされ相続税の対象となります（相法3①一）。

相続税の対象となる死亡保険金のうち、「500万円 × 法定相続人の数」までの金額は非課税となります（相法12①五）。

2 海外居住者や外国人が受け取る死亡保険金

非課税限度額の適用については、被相続人や保険金の受取人について、住所や国籍に関する要件はないため、これらの者が海外に居住しているときや、外国人であっても、取扱いは変わりません。

ポイント

- 被相続人または保険金の受取人が、海外に居住しているときや、外国人であるときも、非課税限度額の取扱いは変わらない。

⑧ 被相続人や相続人が海外に居住しているときに受け取る「死亡退職金」

1 相続税の課税対象

被相続人の死亡によって、被相続人に支給されるべきであった退職手当金、功労金等（以下「死亡退職金」という）で、被相続人の死亡後3

年以内に支給が確定したものを受け取るときは、その死亡退職金は相続財産とみなされ相続税の課税対象となります（相法３①二）。

相続税の対象となる死亡退職金のうち、「500万円 × 法定相続人の数」までの金額は非課税となります（相法12①六）。

2 海外居住者や外国人が受け取る死亡退職金

非課税限度額の適用については、被相続人や退職金の受取人について、住所や国籍に関する要件はないため、これらの者が海外に居住しているときや、外国人であっても、取扱いは変わりません。

ポイント

● 被相続人または死亡退職金の支給を受けた者が、海外に居住しているときや、外国人であるときも、非課税となる取扱いは変わらない。

Ⅶ　被相続人が外国人のとき

①　配偶者の税額軽減

1　配偶者の税額軽減とは

配偶者の税額軽減とは、被相続人の配偶者が相続または遺贈により取得した財産の課税価格が、次の金額のどちらか多い金額までは配偶者に相続税はかからないという制度です（相法19の２①）。

①　１億6,000万円

②　配偶者の法定相続分相当額

2　被相続人が外国人の場合「配偶者の法定相続分」

配偶者の税額軽減の計算における配偶者の法定相続分とは、日本の民法900条における法定相続分をいいます。

被相続人が外国人である場合でも、相続税を計算する際の配偶者の税額軽減においては、日本の民法による法定相続分をもとに計算します（相法19の２①二イ）。

ポイント

● 被相続人が外国人の場合であっても、日本の民法による配偶者の法定相続分により配偶者の税額軽減の計算をする。

Q

被相続人は韓国人で、相続人は子供２人と配偶者です。この場合、韓国の配偶者の法定相続分は７分の３ですが、日本の相続税の配偶者の税額軽減においても配偶者の法定相続分は７分の３までが非課税になりますか。

A

配偶者の税額軽減は、被相続人が韓国籍であっても、日本の法定相続分の２分の１までの金額となります。

② 法定相続人の数および法定相続分

相続税の基礎控除額、相続税の総額、死亡保険金と死亡退職金の非課税額の計算では、「法定相続人の数」や「法定相続分」を基に計算をしますが、これらは被相続人が外国人である場合でも日本の民法に基づく相続人の数や相続分により計算します。

1 基礎控除額の計算

相続税の基礎控除額は「3,000万円＋600万円×法定相続人の数」で計算をしますが、この場合の「法定相続人の数」は、日本の民法における相続人の数です（相法15②）。

2 相続税の総額の計算

相続税の総額は、「各人の課税価格の合計額」から基礎控除額を控除した残額を、法定相続人が法定相続分により取得したものと仮定して按分し、その按分額に応じる税率を乗じて計算した金額を合計し計算します。

この場合の法定相続分も、日本の民法における相続分です（相法16）。

3 死亡保険金および死亡退職金の非課税限度額

死亡保険金および死亡退職金の非課税限度額は、「500万円 × 法定相続人の数」により計算します。

この場合の法定相続人の数も、日本の民法における相続人の数となります（相法12①五イ、六イ）。

☛ 第２章Ⅳ「②　外国の保険業者から受け取る死亡保険金」

ポイント

● 相続税の基礎控除額、相続税の総額、死亡保険金および死亡退職金の非課税限度額を計算する場合の「法定相続人の数」「法定相続分」は、被相続人が外国人の場合であっても、日本の民法における相続人の数による。

③ 被相続人が外国人のときで、申告期限までに遺産が未分割のとき

1 申告期限までに未分割の場合の申告

相続税の申告期限までに、遺産が分割されていないときは、その分割されていない遺産については、日本の民法に規定する法定相続分または包括遺贈の割合に従って遺産を取得したものとして、課税価格を計算し相続税の申告をします（相法55）。

2 被相続人が外国人である場合に未分割のとき

被相続人が外国人の場合で、相続税の申告期限までに遺産が分割されていないときは、日本の民法ではなく、被相続人の本国法の規定による相続人および相続分に従って遺産を取得したものとして、各人の課税価格を計算し相続税の申告をします（国税庁質疑応答事例「被相続人が外国人である場合の未分割遺産に対する課税」）。

なお、相続税の総額の計算は、上記②のとおり、被相続人が外国人でも日本の民法の規定による相続人および相続分を基として計算することとしています。

ポイント

●被相続人が外国人である場合に、相続税の申告期限までに遺産が分割されていないときは、日本の民法ではなく、被相続人の本国法の規定による相続人および相続分により遺産を取得したものと仮定して各人の課税価格を計算し相続税の申告をする。

Q

次の前提で、申告期限までに遺産分割が未分割だった場合の相続税申告における各人の相続税額はいくらか。

・被相続人：韓国籍
・相続人：妻と子が２人
・韓国の法定相続割合　妻：子：子＝３：２：２
・相続財産：１億円
・申告期限までに未分割

A

⑴　各人の課税価格

・妻　１億円×３／７※＝4,286万円
・子　１億円×２／７※＝2,857万円
・子　１億円×２／７※＝2,857万円
※韓国民法による相続分で取得したものと仮定し按分

⑵　課税される遺産の総額

１億円－基礎控除額4,800万円（3,000万円＋600万円×３名※）
＝5,200万円
※日本民法の相続人数

⑶　相続税の総額の計算

・妻　5,200万円×１/２※＝2,600万円→相続税額340万円
・子　5,200万円×１/４※＝1,300万円→相続税額145万円
・子　5,200万円×１/４※＝1,300万円→相続税額145万円
合計　630万円

※日本民法の相続分

⑷　**各人の相続税額**

・妻　630万円×4,286万円※／１億円＝270万円

・子　630万円×2,857万円※／１億円＝180万円

・子　630万円×2,857万円※／１億円＝180万円

※韓国民法における相続分で取得したものと仮定し按分した額

Ⅷ 制限納税義務者

① 国内財産・国外財産の区分

1 国内財産・国外財産の判定の必要性

制限納税義務者は、国内財産のみが課税対象となるため、相続した財産の所在の判定が重要になります。

ポイント

- 制限納税義務者は、国内財産のみが課税対象となるため、相続した財産が国内財産か国外財産なのかの判定が重要になる。

2 相続税法における財産の所在

相続財産の所在は、次の財産の種類の区分に応じ、それぞれに掲げる場所により判定します。その判定は、相続時の現況により行います（相法10④）。

■財産の所在

	財産の種類	場所
1	動産、不動産、不動産の上に存する権利	その所在
2	1のうち船舶、航空機	船籍または航空機の登録をした機関の所在
3	鉱業権、租鉱権、採石権	鉱区または採石場の所在
4	漁業権、入漁権	漁場に最も近い沿岸の属する市町村またはこれに相当する行政区画

5	金融機関に対する預金、貯金、積金等	その預金、貯金、積金等の受入れをした営業所または事務所の所在
6	保険金	その保険契約に係る保険会社等の本店または主たる事務所の所在。ただし、日本に本店または主たる事務所がない場合において、日本に保険の契約に係る事務を行う営業所や事務所等がある場合は、その営業所や事務所等の所在
7	退職手当金、功労金その他これらに準ずる給与	その退職手当金等を支払った者の住所または本店もしくは主たる事務所の所在
8	貸付金債権	その債務者の住所または本店もしくは主たる事務所の所在
9	社債、株式、法人に対する出資等	その社債、株式の発行法人、出資されている法人等の本店または主たる事務所の所在
10	集団投資信託、法人課税信託に関する権利	これらの信託の引受けをした営業所、事務所その他これらに準ずるものの所在
11	特許権、実用新案権、意匠権、商標権、回路配置利用権、育成者権等で登録されているもの	その登録をした機関の所在
12	著作権、出版権または著作隣接権でこれらの権利の目的物が発行されているもの	これを発行する営業所または事務所の所在
13	相続税法７条の規定により贈与または遺贈により取得したものとみなされる金銭	そのみなされる基因となった財産の種類に応じ、この表に規定する場所
14	上記の他、営業所または事業所を有する者の営業上または事業上の権利	その営業所または事業所の所在
15	日本の国債、地方債	日本
16	外国または外国の地方公共団体その他これに準ずるものの発行する公債	その外国
17	上記以外の財産	被相続人の住所の所在

ポイント

- 相続財産の所在は、相続税法10条に規定されている場所により決まる。

3 国外財産の例

①　外国支店の預金

本店は日本に所在する銀行の外国支店に開設した口座に預けてある預金は、受入れをした営業所（支店）が外国のため、国外財産になります。

反対に、本店は外国に所在する銀行の日本支店で開設した口座に預けてある預金は、国内財産になります。

②　死亡保険金

本店は外国に所在する生命保険会社で、日本に営業所や事務所もない生命保険会社に係る死亡保険金は、国外財産になります。

③　本店が外国に所在する法人の株式

本店が外国に所在する法人の株式は、国外財産になります。日本の証券会社を通じて購入した場合でも同様です。

② 制限納税義務者が受け取る外国の生命保険契約に係る死亡保険金

1 外国保険業者から受け取る保険金

外国保険業者と締結する生命保険契約または損害保険契約に基づく死亡保険金は、相続財産とみなされます。

制限納税義務者が受け取った死亡生命保険で、その死亡保険金に係る保険会社の本店や営業所等が国内にないときは、その死亡保険金は国外財産に該当しますので、相続税の課税対象外となります。

☛　第２章Ⅳ②「2　外国保険業者から受け取る死亡保険金」

ポイント

●制限納税義務者が外国の生命保険の死亡保険金を取得した場合に、その死亡保険金が国外財産に該当するときは、相続税の課税対象外となる。

2 制限納税義務者が受け取った国外財産となる死亡保険金がある場合の非課税限度額の計算

Q

相続人は子Ａ（無制限納税義務者）と子Ｂ（制限納税義務者）です。

国外財産となる外国の生命保険契約に係る死亡保険金を、子Ａと子Ｂは、それぞれ700万円ずつ受け取りました。

この場合、死亡保険金の非課税限度額の適用はどのようになりますか。

A

子Ｂは、制限納税義務者であるので、子Ｂが受け取った死亡保険金は課税対象外となります。

子Ａが受け取った死亡保険金のうち、課税される金額は次の算式によって計算した金額となります。

子Ａが課税される死亡保険金

700万円－1,000万円（非課税限度額500万円×２）

$$\times \frac{\text{700万円（その相続人が受け取った死亡保険金の金額）}}{\text{1,400万円（すべての相続人が受け取った死亡保険金の合計額）}}$$

＝200万円

ポイント

●制限納税義務者が受け取った国外財産となる死亡保険金は相続税の課税対象外だが、死亡保険金の非課税限度額においては、課税対象外となる死亡保険金も算入して計算する。

③ 計算例～制限納税義務者と無制限納税義務者がいるときの相続税

設例

【相続財産】
・国内財産：２億円
・国外財産：２億円
【相続人と遺産分割】
・相続人：子Ａ・子Ｂの２人
・子Ａ：無制限納税義務者
・子Ｂ：制限納税義務者
・子Ａの相続財産：国内財産２億円
・子Ｂの相続財産：国外財産２億円

■ 相続税の計算

① 各人の課税価格

・子Ａ……国内財産２億円＝２億円
・子Ｂ……０円
・合計……２億円

② 課税される遺産の総額

各人の課税価格の合計額２億円－基礎控除額4,200万円
（3,000万円＋600万円×２名）

＝１億5,800万円

③ 相続税の総額の計算

・子Ａ……１億5,800万円×１／２＝7,900万円→相続税1,670万円
・子Ｂ……１億5,800万円×１／２＝7,900万円→相続税1,670万円
・合計　相続税3,340万円

④　各人の相続税額

・子Ａ……3,340万円×２億円／２億＝3,340万円
・子Ｂ……０円

④ 制限納税義務者に関する規定一覧表

制限納税義務者は、控除や特例の適用について、次の制限があります。

■制限納税義務者に関する規定一覧　　※○は適用あり、×は適用なし

	無制限納税義務者	制限納税義務者
債務控除	○ 全ての債務 （被相続人の債務および葬式費用）	・相続した国内財産に関連する債務のみ債務控除○ ・葬式費用は×
配偶者の税額の軽減	○	○
未成年者控除	○	× ただし、日本と米国間では、日米相続税条約により適用可能
障害者控除	○ ただし、日本に住所があることが要件	× ただし、日本と米国間では、日米相続税条約により適用可能
外国税額控除	○	× 国外財産には課税されないため外国税額控除額が算出されない
小規模宅地等の特例	○	○ ただし、いわゆる“家なき子”は、国内に住所のない制限納税義務者の場合は、日本国籍があることが必要

⑤ 制限納税義務者の債務控除

1　債務控除とは

相続人や包括受遺者は相続財産を取得する場合に、被相続人が残した債務を負担するときは、その者の相続税の課税価格からその者の負担する債務を差し引くことができます。

無制限納税義務者は、次の債務を差し引くことができます（相法13①）。

①　被相続人の債務で相続開始の際に現に存するもの

②　被相続人に係る葬式費用

2 制限納税義務者の債務控除

制限納税義務者は相続税の課税対象が国内財産のみであることから、控除できる債務の範囲も課税財産によって担保される債務に限定されており、次の①から⑤までの債務のみとなっています（相法13②）。

①　その者の取得した国内財産に係る公租公課

②　その者が取得した国内財産を目的とする留置権、特別の先取特権、質権または抵当権で担保される債務（例えば、国内の不動産を担保として借入れをした借入金など）

③　その者が取得した国内財産の取得、維持または管理のために生じた債務

④　その者が取得した国内財産に関する贈与の義務

⑤　被相続人が死亡の際、国内に営業所または事業所を有していた場合においては、その営業所または事業所に係る営業上または事業上の債務

3 制限納税義務者が負担した葬式費用

制限納税義務者は葬式費用を実際に負担した場合であっても、葬儀費用は債務控除の範囲から除外されているため、これを債務控除として差し引くことができません（相法13②）。

☛　第２章Ⅰ④「2　外国の国籍を取得した場合に日本国籍を喪失すること」

ポイント

- 制限納税義務者が債務控除をすることができる債務の範囲は、国内財産によって担保される債務に限られる。
- 制限納税義務者は葬式費用を債務控除の対象にすることができない。

⑥ 制限納税義務者である配偶者に対する相続税額の軽減

1 配偶者の税額軽減とは

被相続人の配偶者が相続または遺贈により取得した財産の課税価格が、次の金額のどちらか多い金額までは、配偶者に相続税はかかりません（相法19の2①）。

① 1億6,000万円

② 配偶者の法定相続分相当額

2 配偶者が制限納税義務者であるとき

配偶者が無制限納税義務者または制限納税義務者のいずれでも、配偶者の税額軽減は適用されます（相基通19の2－1）。

ポイント

●配偶者の税額軽減は、配偶者が、制限納税義務者であっても適用される。

⑦ 制限納税義務者の未成年者控除

1 未成年者控除

相続または遺贈により財産を取得した者が、次の要件をすべて満たす場合には、その者の相続税額から、その者が満20歳※になるまでの年数1年につき10万円で計算した額を控除することができます（相法19の3）。

① 相続時に20歳未満※であること

② 被相続人の日本の民法における法定相続人であること

③　相続税の制限納税義務者でないこと

※令和４年４月１日以後の相続または遺贈については18歳未満

2 制限納税義務者の場合の未成年者控除

上記③に「相続税の制限納税義務者でないこと」の要件があるため、制限納税義務者である未成年者については、未成年者控除の適用を受けることはできません。

3 日米相続税条約の未成年者控除

❶ 日米相続税条約による調整

制限納税義務者であっても、日米相続税条約（４条）により、被相続人がアメリカ国籍を有していた場合、またはアメリカに住所を有していた場合は、次の算式による控除の適用を受けることができます（日米相続税条約の実施に伴う相続税法の特例法２）。

$$\text{無制限納税義務者であった場合の未成年者控除の額} \times \frac{\text{課税の対象となる国内財産の価格}}{\text{無制限納税義務者であった場合に課税の対象となるすべての（全世界）財産の価格}}$$

❷ 租税条約による未成年者控除の届出

上記❶の適用を受けるためには、相続税の申告書に次の事項を記載した届出書を添付しなければなりません（日米相続税条約実施省令１）。

①　その未成年者および被相続人の氏名、年齢、国籍および住所

②　無制限納税義務者だとした場合の未成年者控除の額

③　国内財産の取得額に対応する未成年者控除の額（上記❶の算式により計算した未成年者控除の額）、およびその計算の基礎

④　その他参考となるべき事項

4 制限納税義務者から控除不足額を控除することの可否

未成年者控除の適用を受けることができる者の相続税額が少ないため、控除しきれない未成年者控除額（控除不足額）が生じた場合は、その控除不足額は、その者の扶養義務者の相続税額から控除することができます（相法19の３②）。

この場合、その扶養義務者は、無制限納税義務者であるかどうかは問いません。扶養義務者が制限納税義務者である場合でも、未成年者である者の控除不足額をその扶養義務者の相続税額から控除することができます（国税庁質疑応答事例「無制限納税義務者に係る未成年者控除の控除不足額を制限納税義務者である未成年者から控除することの可否」）。

ポイント

- 制限納税義務者は、未成年者に該当する場合でも、未成年者控除を適用することができない。
- 日米相続税条約により、制限納税義務者であっても、一定要件のもと未成年者控除を適用することができる。
- 未成年者控除を受けられる者の相続税額から、未成年者控除を引ききれないときには、その控除不足額はその扶養義務者（その扶養義務者が制限納税義務者であっても）の相続税額から控除することができる。

⑧ 制限納税義務者の障害者控除

1 障害者控除

相続または遺贈により財産を取得した者が、次の要件をすべて満たす場合には、その者の相続税額から、その者が満85歳になるまでの年数１

年につき10万円（特別障害者の場合は20万円）で計算した額を控除することができます（相法19の４）。

①　相続時に85歳未満であること

②　障害者であること

③　被相続人の日本の民法における法定相続人であること

④　相続税の制限納税義務者でないこと

⑤　相続時に日本に住所があること

2　制限納税義務者の障害者控除

制限納税義務者である障害者については、障害者控除の適用要件に「相続税の制限納税義務者でないこと」という要件があるため、障害者控除の適用を受けることはできません。

3　日米相続税条約の障害者控除

①　日米相続税条約による調整

制限納税義務者であっても、日米相続税条約（４条）により、被相続人がアメリカ国籍を有していた場合、またはアメリカに住所を有していた場合は、次の算式による控除の適用を受けることができます（日米相続税条約の実施に伴う相続税法の特例法２）。

$$\text{無制限納税義務者であった場合の障害者控除の額}\times\frac{\text{課税の対象となる国内財産の価格}}{\text{無制限納税義務者であった場合に課税の対象となるすべての（全世界）財産の価格}}$$

②　租税条約による障害者控除の届出

上記①の適用を受けるためには、相続税の申告書に次の①～④の事項を記載した届出書および⑤の書類を添付しなければなりません（日米相続税条約実施省令第２条）。

① その障害者および被相続人の氏名、年齢、国籍および住所
② 無制限納税義務者だとした場合の障害者控除の額
③ 国内財産の取得額に対応する障害者控除の額（上記❶算式により計算した障害者控除の額）、およびその計算の基礎
④ その他参考となるべき事項
⑤ その者が一般障害者または特別障害者と同様の精神または身体に障害を有する者であること、およびその障害の程度を証する医師の発行した証明書

4 制限納税義務者から控除不足額を控除することの可否

障害者控除の適用を受けることができる者の相続税額が少ないため控除しきれない金額（控除不足額）が生じた場合は、その控除不足額は、その者の扶養義務者の相続税額から控除することができます（相法19の４③）。

この場合、その扶養義務者は、無制限納税義務者であるかどうかは問いません。扶養義務者が制限納税義務者である場合でも、障害者である者の控除不足額をその扶養義務者の相続税額から控除することができます（国税庁質疑応答事例「無制限納税義務者に係る未成年者控除の控除不足額を制限納税義務者である未成年者から控除することの可否」）。

ポイント

- 制限納税義務者は、障害者に該当する場合でも、障害者控除を適用することができない。
- 日米相続税条約により、制限納税義務者であっても、一定要件のもと障害者控除を適用することができる。
- 障害者控除を受けられる者の相続税額から、障害者控除額を引ききれないときには、その控除不足額はその扶養義務者（その扶養義務者が制限納税義務者であっても）の相続税額から控除することができる。

⑨ 制限納税義務者が取得した日本の賃貸物件に対する小規模宅地等の特例の適用

1 小規模宅地等の特例とは

小規模宅地等の特例とは、被相続人の親族が相続や遺贈により取得した財産のうち、被相続人等の事業の用または居住の用に供されていた宅地等のうち一定の要件を満たすものについて、限度面積までの相続税評価額が50～80％減額される特例です（措法69の４）。

2 貸付事業用の宅地等の場合

相続開始の直前において被相続人が行っていた貸付事業に使用していた宅地等※については、取得した親族が、次の要件を満たす場合には、その宅地等の200㎡以下の部分について、相続税評価額が50％減額されます（措法69の４①②③四）。

①　相続の時から相続税の申告期限まで継続してその貸付事業を行うこと

②　相続の時から相続税の申告期限まで継続してその宅地等を所有していること

※その相続の開始前３年以内に新たに貸付事業の用に供された宅地等を除く。

3 居住地や国籍についての要件

上記2の貸付事業用の宅地等の場合の小規模宅地等の特例については、宅地等を取得した親族の居住地や国籍についての要件はありません。

ポイント

●貸付事業用宅地等について取得者の住所地や国籍に関する要件はなく、制限納税義務者も適用を受けることができる。

Q

被相続人は、日本に賃貸物件を有し相続の３年以上前から貸付事業を営んでいました。制限納税義務者である相続人が、この日本の賃貸用物件を相続し、申告期限まで貸付事業を継続し保有しています。この場合、この賃貸物件に対し小規模宅地等の特例を適用できますか。

A

上記①と②の要件を満たすため、適用できます。

⑩ 未分割による申告で「制限納税義務者がいるとき」

未分割の場合の相続税の課税価格

相続税の申告期限までに、遺産が分割されていないときは、その分割されていない遺産については、日本の民法に規定する法定相続分または包括遺贈の割合に従って遺産を取得したものとして課税価格を計算し相

愛読者カード

ご購読ありがとうございます。今後の出版企画の参考にさせていただきますので、ぜひ皆様のご意見をお聞かせください。

■本書のタイトル（ご購入いただいた書名をお書きください）

1. 本書をお求めの動機

1.書店でみて（　　　　　　　　） 2.案内書をみて
3.新聞広告（　　　　　　　　） 4.インターネット（　　　　　　　）
5.書籍・新刊紹介（　　　　　　　　） 6.人にすすめられて
7.その他（　　　　　　　　）

2. 本書に対するご感想（内容・装幀など）

3. どんな出版をご希望ですか（著者・企画・テーマなど）

■小社新刊案内（無料）を希望する　1. 郵送希望　2. メール希望

郵便はがき

料金受取人払郵便

神田局
承認

1709

差出有効期間
2023年11月15
日まで

（切手不要）

101-8791

518

東京都千代田区内神田1－6－6
（ＭＩＦビル５階）

株式会社 清文社 行

ご住所　〒（　　　　　　　　　　）

ビル名　　　　　　　　　　　　　（　　　階　　　　　号室）

貴社名

部　　　　　　　　　課

お名前（ふりがな）

電話番号　　　　　　　　　　　ご職業

E－mail

※本カードにご記入の個人情報は小社の商品情報のご案内、またはアンケート等を送付する目的にのみ使用いたします。

続税の申告をします。

なお、被相続人が外国人であるときは、被相続人の本国法による法定相続分に従って各相続人が遺産を取得したものとします。

☛　第２章Ⅶ「③　被相続人が外国人のときで、申告期限までに遺産が未分割のとき」

Q１

被相続人は日本人で、相続人は、子Ａ（無制限納税義務者）と子Ｂ（制限納税義務者）です。

被相続人の財産は、国内財産が１億円および国外財産が１億円です。

相続税の申告期限までに遺産分割協議が整わず、未分割で申告をします。

この場合の未分割の相続税の申告において、ＡおよびＢの相続税の課税価格は、どのように計算しますか。

Ａ

法定相続分で取得したものと仮定し、制限納税義務者は、法定相続分の相続財産のうち、国内財産のみを申告します。

■各人の法定相続分と課税対象額　（単位：千円）

被相続人の相続財産の合計		法定相続分（１／２）		左記のうち課税対象額	
		Ａ無制限納税義務者	Ｂ制限納税義務者	Ａ無制限納税義務者	Ｂ制限納税義務者
国内財産	100,000	50,000	50,000	50,000	50,000
国外財産	100,000	50,000	50,000	50,000	0※
計	200,000	100,000	100,000	100,000	50,000

※国外財産のため課税対象外

（東京国税局課税第一部資産課税課資産評価官平成24年７月作成「資産税審理研修資料」を基に作成）

Q２

Ｑ１の後、分割協議が整い、子Ａが国内財産１億円を取得し、子Ｂが国外財産１億円を取得することとなったときは、相続税の計算は、どのようになりますか。

Ａ

子Ｂの取得した国内財産はなくなるため、子Ｂの相続税の課税価格は０

円となり、子Ｂの相続税額は０円になり、子Ａの相続税額も減少します。更正の請求により還付を受けることができます。

Ⅸ 生前に贈与を受けていた場合

① 相続開始前３年以内の生前贈与加算

1 贈与時は贈与税の制限納税義務者だった場合

相続または遺贈により財産を取得した人が、相続開始前３年以内に被相続人から贈与を受けていた場合に、その贈与が「贈与税の課税価格の計算の基礎に算入されるもの」は、その贈与財産の贈与時の価額を相続税の課税価格に加算し相続税額を計算します（相法19、相基通19−１）。

相続財産に加算される贈与財産は、「贈与税の課税価格の計算の基礎に算入されるもの」ですから、贈与時において贈与税の課税対象となるものに限定されています。

したがって、贈与税の制限納税義務者が国外財産の贈与を受けた場合は贈与税の課税対象とはならず、その後その贈与者が亡くなり、その受贈者が（住所が変わるなどで）相続時は無制限納税義務者に該当するときであっても、その贈与を受けた国外財産の価額は相続開始前３年以内の贈与として相続税の課税価格に加算されることはありません（相基通19−４）。

2 贈与時は贈与税の無制限納税義務者だった場合

上記1とは逆に、贈与税の無制限納税義務者が国外財産の贈与を受け、贈与税の課税対象となった後に、その贈与者が亡くなり、その受贈者が相続時に制限納税義務者に該当することとなったときは、その贈与を受けた国外財産の価額は、相続開始前３年以内の贈与として相続財産に加算されます。

■３年以内の贈与加算

贈与時　制限納税義務者

相続開始前３年以内に受けた贈与財産

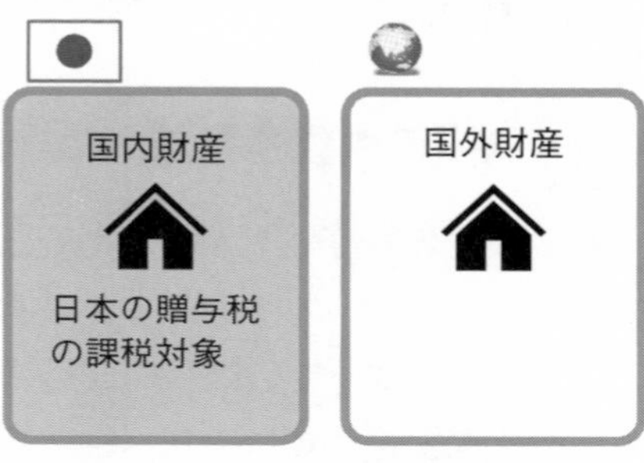

国外の財産は贈与税の課税対象外

相続時　無制限納税義務者

相続開始前３年以内の贈与財産の加算の対象

国内財産
日本の贈与税の課税対象となったもののみ

贈与を受けた国外の財産は３年以内贈与加算をしない

②　相続時精算課税による贈与を受けていた場合

1　相続時精算課税に係る受贈者の「相続税の納税義務者の区分」

相続時精算課税の贈与者に相続が発生した場合には、相続時精算課税による贈与財産を、贈与時の価額により相続税の課税価格に加算して相続税額を計算します（相法21の15、21の16）。

相続時精算課税の受贈者で相続または遺贈により財産を取得した者は、その者の相続税の課税財産の範囲の判定に従い、無制限納税義務者または制限納税義務者に区分されます。相続時精算課税の受贈者で相続等により財産を取得しなかった者も相続税の納税義務者になります。この者は、一般に「特定納税義務者」といいます（相法１の３①五）。

☛　第２章Ⅰ「①　各相続人の相続税の課税財産の範囲」

2　特定納税義務者の債務控除

特定納税義務者が相続時に国内に住所を有する場合には無制限納税義務者の債務控除の規定が、相続時に国内に住所を有しない場合には制限納税義務者の債務控除の規定が、それぞれ適用されます。

ただし、その特定納税義務者が、相続人または包括受遺者に該当しない場合には、債務控除は適用されません（相法21の16①、相基通13－９）。

☛　第２章Ⅷ「⑤　制限納税義務者の債務控除」

X 外国の公益法人への遺贈・寄附

財産をその所有者の死後に法人へ無償で譲る方法には、「被相続人の遺言による寄附（遺贈）」と「相続人による相続財産の寄附」の２つがあります。寄附遺贈の場合の譲渡者は被相続人であり、相続財産の寄附の場合の譲渡者は相続人ですので、両者の課税関係は大きく異なります。

次の①は、被相続人が外国の公益法人へ財産を遺贈する場合について、②は相続後に相続人が相続財産を寄附する場合について説明します。

① 被相続人が遺産を外国の公益法人に遺贈した場合

次のようなケースを想定して、課税関係を検討します。

設例

外国の公益法人（以下「外国公益法人」という）へ被相続人（居住者）が、遺言によりX国に所在する土地を遺贈しました。

この場合の課税関係は、どのようになりますか。

1 相続人の課税（相続税）

相続税は、相続または遺贈により財産を取得した個人に課されます。相続人以外の他者（設例では外国公益法人）へ財産（X国の土地）の遺贈があった場合には、相続人はその遺贈されたX国の土地を取得しませんので、X国の土地は相続人の相続税の課税財産に含まれず相続税は課税されません。

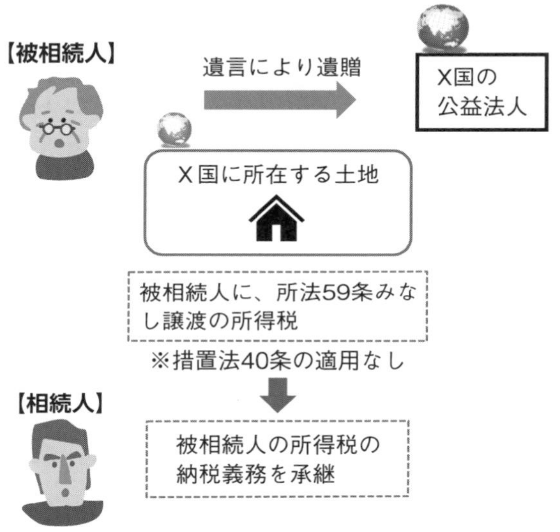

2 被相続人の課税：みなし譲渡課税

① みなし譲渡課税

法人（外国法人・内国法人は問いません）へ遺贈が行われた場合には、譲渡者（被相続人）が、遺贈する資産を時価で法人へ譲渡したものとみなされ、遺贈する資産（X国の土地）に含み益がある場合には、被相続人に対し所得税が課税されます（所法59①一）。被相続人は日本の居住者なので、国外の土地の譲渡益に対しても日本の所得税が課税されます。

☛　第6章1①「2　日本の所得税法における課税所得の範囲」

相続人は被相続人の納税義務を承継しますので、相続開始を知った日の翌日から4か月以内にみなし譲渡を含む準確定申告を行い、被相続人の所得税の納税義務を負います（通則法5）。

② 準確定申告の納税義務の承継

包括遺贈があった場合は、包括受遺者は相続人と同様に納税義務を承継し、特定遺贈の場合は、特定受遺者は被相続人の納税義務を承継しません（通則法５①）。

包括遺贈とは「全遺産の２分の１を遺贈する」というように、抽象的な割合で行われる遺贈であり、特定遺贈とは「甲土地を遺贈する」というように、特定の具体的な財産を指定して行われる遺贈のことをいいます（民法964条）。民法上も包括受遺者は相続人と同一の権利義務を有します（同法990条）。

よって、外国公益法人にＸ国の土地の遺贈があった場合は、特定遺贈に該当しますので、特定受遺者である外国公益法人は、被相続人の上記❶のみなし譲渡に係る準確定申告の納税義務は負わず、その納税義務は相続人が負うことになります。

③　租税特別措置法40条の特例は外国公益法人への遺贈等には適用されない

国や公益法人等に対して贈与や遺贈をした場合に、上記❶の所得税法59条のみなし譲渡に係る所得税を非課税とする優遇措置が租税特別措置法40条にあります。しかし、外国法人は、この措置の「公益法人等」から除外されていますので、外国公益法人に対する贈与や遺贈については、この優遇措置は適用されません。

■被相続人（居住者）が、外国に所在する土地を外国公益法人に遺贈した場合

	課税の扱い
相続人の相続税	相続税なし
被相続人（準確定申告）	・含み益にみなし譲渡課税（所法59） （措置法40条は外国法人に対して適用なし） ・相続人が被相続人の納税義務に承継する。 ・特定受遺者（外国公益法人）は、被相続人の納税義務を承継しない。

②　相続人が相続財産を外国の公益法人に寄附した場合

次のようなケースを想定して、課税関係を検討します。

設例

日本の居住者である相続人（居住者）が、被相続人（日本人・居住者）から相続したX国に所在する土地を、外国公益法人へ寄附をしました。
この場合の課税関係はどのようになりますか。

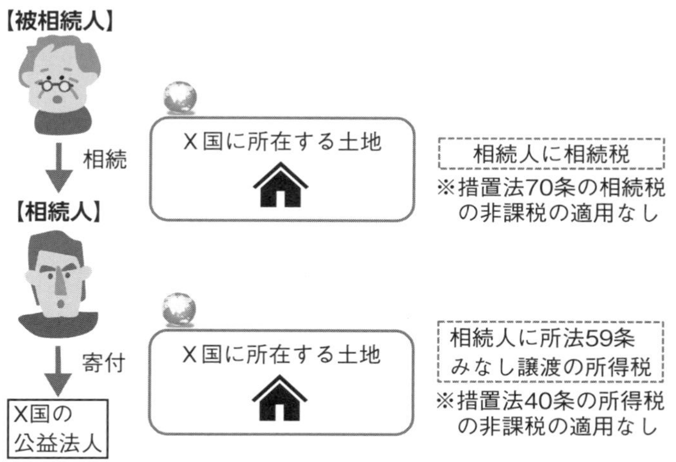

1 相続人の相続税

相続人は、相続によりX国の土地を取得したうえで寄附をしていますので、X国の土地につき相続人に相続税が課税されます。被相続人は日本人で居住者ですので、相続人が誰であっても、全て無制限納税義務者となり、国外に所在する土地も相続税の対象となります。

☛　第２章Ⅱ「①　相続税の課税範囲①」

相続人が相続財産を国や公益法人へ贈与した場合に相続税を非課税とする措置が、租税特別措置法70条に置かれていますが、この規定は、寄附の相手先が日本の国や地方公共団体、特定の公益法人へ限定されているため、外国法人に対する贈与については適用がありません（措法70、措令40の３）。

2 相続人のみなし譲渡課税

法人（外国法人・内国法人は問いません）へ寄附（贈与）が行われた場合には、贈与者が、贈与する資産を時価で法人へ譲渡したものとみなされ、贈与する資産に含み益がある場合には、贈与者に対し所得税が課税されます（所法59①一）。

設例では、贈与をしたのは相続人ですので、相続人がＸ国の土地を時価で譲渡したものとみなされ、相続人に対し譲渡所得に係る所得税が課税されます。

相続人は日本の居住者なので、国外の土地の譲渡益に対しても日本の所得税が課税されます。

所得税法59条のみなし譲渡に係る所得税を非課税とする租税特別措置法40条の特例がありますが、この特例は、外国法人への贈与については適用がありません。

☛　第６章Ⅰ①「2　日本の所得税法における課税所得の範囲」

3 被相続人の課税

財産を寄附したのは相続人ですから、被相続人に対するみなし譲渡課税は生じません。

■相続人が外国公益法人に相続財産（外国に所在する土地）を寄附した場合

	課税の扱い
相続人の相続税	相続税の課税 （措置法70条は適用なし）
相続人の譲渡税	含み益にみなし譲渡課税（所法59） （措置法40条は適用なし）
被相続人（準確定申告）	課税なし

第3章

外国財産の相続手続

I　国による「相続」の違い

外国では、それぞれの国の法律により相続に関することが定められています。国により、包括承継ではない、遺産分割がない、遺留分がないなど、日本とは全く違った相続の規定を持つ国があります。

国際相続では、財産の所在する国や、被相続人や相続人の国籍のある国、居住する国などが関係しますので、これらの国で相続がどのように扱われるのかを確認する必要があります。

Ⅱ 「包括承継主義」と「管理清算主義・プロベート」

① 「包括承継主義」ヨーロッパ大陸や日本等の大陸法の国

フランス、ドイツ等のヨーロッパの国々、韓国、台湾等の大陸法（成文法）の法体系の国では、相続により財産も負債もすべて相続人に承継されます。これを「包括承継主義」といいます。日本も包括承継主義です（民法896条）。

② 「管理清算主義」アメリカやイギリス等の英米法の国

1 管理清算主義

アメリカやイギリス等の英米法（慣習法）の法体系の国では、「管理清算主義」により、被相続人の死亡により、遺産の管理処分権限が、裁判所で選任を受けた人格代表者に帰属します。そして裁判所の監督下において、人格代表者が、遺産の管理、税金の支払い、負債の清算を行います。この手続を「プロベート」といいます。

プロベートは、信用のおけない遺言執行者や相続人らから被相続人の債権者や受遺者を守るために設計された制度であるといわれています。

プロベートにより負債は清算されますので、負債については相続人は承継しません。また、遺言がある場合でもプロベートは必要です。

プロベート後の残余財産は、遺言があるときは遺言に従い受遺者に承継され、遺言がない場合は相続人に法定続分により分配されます。相続人による遺産分割は行われません。

2 プロベートの問題点

プロベートには、次の問題があります。

① 期間が長い……半年から３年くらいかかることもあります。その間、財産を処分することはできません。

② 費用が高額……裁判所に払う費用、鑑定費用、弁護士費用等が発生し高額になることもあります。

③ プライバシーの問題……手続の中で遺言書が公開され、プライバシーを確保することができません。

このため、英米法の国では、プロベートを避けるために、相続によらない財産の移転方法、例えば合有財産（ジョイント・テナンシー）による共同所有や、ジョイント・アカウント、生命保険の利用、信託等が多く活用されています。

■国による相続の違い

法体系	大陸法	英米法
相続の承継	・包括承継	・管理清算主義 ・プロベートあり ・相続人による遺産分割はない
遺言の自由	・遺留分による制限	・遺言の自由（ただし、配偶者等には、保護規定あり）
準拠法	相続統一主義	相続分割主義
適用対象の国	日本、フランス、ドイツ等のヨーロッパの国々、韓国、台湾等	アメリカ（ルイジアナ州を除く）、イギリス、香港、シンガポール、マレーシア等

Ⅲ 遺言の自由と遺留分

① 「遺留分」ヨーロッパ大陸や日本等の大陸法の国

フランス、ドイツ等のヨーロッパの国々、韓国、台湾等の大陸法の国では、配偶者や子に対して遺留分として一定の遺産の取得額が保障されています。

日本にも遺留分の制度があります（民法1042）。

② 「遺言の自由」アメリカやイギリス等の英米法の国

アメリカやイギリス等の英米法の国では、歴史的に、遺言の自由が認められており、遺留分制度に該当するものはないといわれています。

しかし、例えばイギリスでは生計維持費用の給付制度があり、アメリカでは配偶者の選択的相続分制度や家族手当等の制度があります。また、夫婦共有財産制が採られる場合は、生存配偶者は共有財産の半分を自らの持分として所有しますので、これによっても配偶者は保護されます。

Ⅳ 準拠法「相続統一主義」と「相続分割主義」

① 準拠法とは

国により相続は異なりますので、国際相続では、どの国の法律を適用して、その相続に関することを決めるのかは重要な問題です。適用される法律のことを、準拠法といいます。

準拠法を決めるルールは、各国の国内法により定められ、準拠法を定めるための国際的な統一ルールはありません。

☛ 第１章「Ⅰ　日本の準拠法」

② 相続統一主義

日本や韓国、台湾、EU の国等の、大陸法の法体系の国では、全ての財産の相続に関することを、一つの法律により定めることとします。これを「相続統一主義」といいます。

日本や韓国、台湾では、被相続人の本国法（国籍のある国の法律）により、EU 諸国では、被相続人の最後の住所地等の法律によることとしています。

☛ 第１章Ⅰ「②　日本の適用通則法Ｑ２」

③ 相続分割主義

アメリカやイギリス等の英米法の国では、相続財産を不動産と動産に分け、不動産についてはその所在地の法律を、動産については被相続人の生活の本拠地（ドミサイル）の法律を準拠法とします。このような考え方を「相続分割主義」といいます。

☛ 第１章「Ⅱ　準拠法：反政する場合」

第4章

外国の相続税

I 外国の相続税

① 相続税のない国

世界には相続税のない国があります。相続税のない国で、日本になじみがある国は、オーストラリア、ニュージーランド、香港、シンガポール、マレーシアなどがあります。

これらの国が関わる国際相続の場合は、次の②の確認は不要です。

☛ 第４章「Ⅱ　相続税のある国・ない国」

② 外国で相続税が課税されるかを確認

次の場合には、関係する外国で相続税が課税される場合があります。

1 外国に所在する財産がある場合

相続税のある国では、その国の制度により課税財産の範囲が異なりますが、通常、自国に所在する財産に対して相続税を課税します。日本も同様です。

したがって、外国に所在する相続財産については、その国の相続税の確認が必要です。

2 被相続人が外国人である場合や外国に居住する場合

例えば、アメリカでは、被相続人がアメリカ市民であるとき、または、アメリカ居住者であるときは、被相続人が所有するアメリカ国内および国外（全世界）に所在する財産に対してアメリカの相続税が課税されます。

☛ 第４章「Ⅲ　アメリカの相続税（連邦税）」

したがって、被相続人が外国人であるときや、外国に居住するときは、その国の相続税の確認が必要です。

3 相続人が外国人である場合や相続人が外国に居住する場合

例えば、フランスでは、相続人がフランスに居住するときには、そのフランスに居住する者が相続したフランス国内および国外（全世界）所在する財産に対して、フランスの相続税が課税されます。

☛ 第４章「Ⅳ　フランスの相続税」

したがって、被相続人はもちろん、相続人が外国人であるときや、外国に居住するときも、その国の相続税の確認が必要です。

③ 主要国の相続税の負担率

次ページの図は、財務省が発表している「主要国の相続税の負担率」です。一般に日本は相続税が高いといわれますが、この図を見ても、日本の相続税の負担が重いことがわかります。

この図の前提（注１）では、アメリカの相続税は約25.2億円までは負担率が０％です（注５）。したがって、アメリカの負担率はこの図には表示されていません。

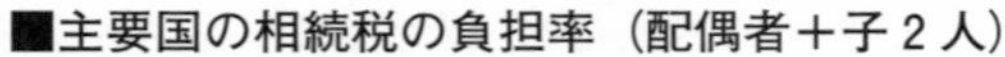

■主要国の相続税の負担率（配偶者＋子２人）

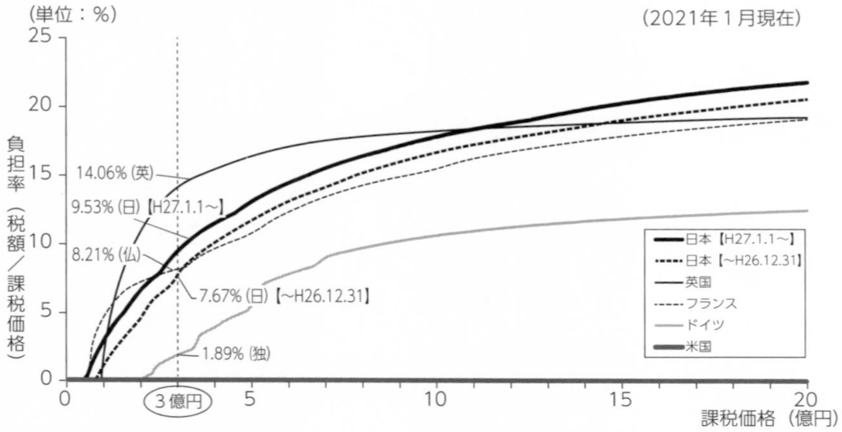

（注１）配偶者が遺産の半分、子が残りの遺産を均等に取得した場合である。

（注２）イギリスでは、相続財産に家やその持ち分が含まれ、それを直系子孫が相続する場合には基礎控除額が17.5万ポンド（2,398万円）加算される（相続財産総額が200万ポンド（2.74億円）を超える場合、逓減・消失）が、本資料ではこれは加味していない。

（注３）フランスでは、夫婦の財産は原則として共有財産となり、配偶者の持分は相続の対象ではないため、負担率計算においては除外している。

（注４）ドイツでは、死亡配偶者の婚姻後における財産の増加分が生存配偶者のそれを上回る場合、生存配偶者はその差額の２分の１相当額が非課税になる（ここでは、配偶者相続分の２分の１としている）。

（注５）アメリカは、課税価格が約25.2億円までは負担率が０％である。

（注６）アメリカでは、2010年に遺産税は一旦廃止されたが、2011年に、基礎控除500万ドル、最高税率35％で復活した。当該措置は2012年までの時限措置であったところ、2013年以降については、2012年米国納税者救済法により、基礎控除500万ドルは維持しつつ最高税率を40％へ引き上げることとされた。2018年１月以降は、2025年までの時限措置として、基礎控除額が２倍の1,000万ドルに拡大され、さらに毎年インフレ調整による改訂が行われる。

（備考）邦貨換算レート：１ドル＝104円、１ポンド＝137円、１ユーロ＝123円（基準外国為替相場及び裁定外国為替相場：令和３年（2021年）１月中適用）。なお、端数は四捨五入している。

（出所）財務省ホームページ

Ⅱ 相続税のある国・ない国

相続税制度を持つ国と持たない国を一覧すると、下表のとおりです。

相続税制のない国・地域は83か国で、相続税制のある44か国を大きく上回っています。

G7諸国（アメリカ・イギリス・ドイツ・フランス・イタリア・カナダ）は、カナダ以外は相続税制があります。カナダには相続税はありませんが、相続による財産移転の一部について、キャピタルゲイン課税があります。

■世界の相続税・贈与税の制度設置状況

○：相続税・贈与税ともに存在する（44の国・地域）
△：相続税のみ（0の国・地域）
▲：贈与税のみ（2の国・地域）
×：どちらもなし（83の国・地域）

国・地域名	相続税・贈与税設置状況	国・地域名	相続税・贈与税設置状況	国・地域名	相続税・贈与税設置状況
アイスランド	×	アイルランド	○	アゼルバイジャン	×
米国	○	米領ヴァージン諸島	×	アラブ首長国連邦	×
アルゼンチン	×	アルバ	○	アルメニア	×
イエメン	×	英国	○	英領ヴァージン諸島	×
イスラエル	×	イタリア	○	イラン	○
インド	×	インドネシア	×	ウクライナ	○
ウズベキスタン	×	ウルグアイ	×	エクアドル	○
エジプト	×	エストニア	×	エルサルバドル	×

オーストラリア	×	オーストリア	×	オマーン	×
オランダ	○	ガーンジー島	×	カザフスタン	×
カタール	×	カナダ	×	カンボジア	×
キプロス	×	キュラソー	○	ギリシャ	○
キルギス	×	グァテマラ	○	クウェート	×
グレナダ	×	クロアチア	○	ケイマン諸島	×
ケニア	×	コスタリカ	×	コソボ	×
コロンビア	×	サウジアラビア	×	ジブラルタル	×
ジャージー	×	ジョージア	×	シンガポール	×
スイス	○	スウェーデン	×	スペイン	○
スロバキア	×	スロベニア	○	セルビア	○
セントヴィンセント／グレナディン諸島	○	セントクリストファー・ネイビス	×	セントルシア	×
ソロモン諸島	×	タイ	○	大韓民国	○
台湾	○	チェコ共和国	×	中国	×
チリ	○	デンマーク	○	ドイツ	○
ドミニカ	×	ドミニカ共和国	○	トリニダード・トバゴ	×
トルクメニスタン	×	トルコ	○	ニカラグア	×
日本	○	ニュージーランド	×	ノルウェー	×
バーレーン	×	パキスタン	×	パナマ	×
パプアニューギニア	×	バミューダ	×	パラグアイ	×
バルバドス	▲	パレスチナ自治区	×	ハンガリー	○
バングラデシュ	▲	フィリピン	○	フィンランド	○
ブラジル	○	フランス	○	ブルガリア	○
ブルネイ	×	ベトナム	×	ベネズエラ	×
ベラルーシ	×	ペルー	×	ベルギー	○

ポーランド	○	ボスニア・ヘルツェゴビナ	○	ポルトガル	×
香港	×	ホンジュラス	×	マカオ	×
マケドニア	○	マルタ	×	マレーシア	×
マン島	×	南アフリカ	○	ミャンマー	×
メキシコ	×	モーリシャス	×	モザンビーク	○
モナコ	○	モルドバ	×	モロッコ	×
モンゴル	×	モンテネグロ	○	ヨルダン	×
ラオス	×	ラトビア	×	リトアニア	○
リビア	×	リヒテンシュタイン	×	ルーマニア	×
ルクセンブルク	○	レバノン	○	ロシア	×

〔出典〕経済産業省（貿易経済協力局貿易振興課）委託調査「平成28年度内外一体の経済成長戦略構築にかかる国際経済調査事業　6参考資料　(5)相続税・贈与税の制度設置状況」

Ⅲ　アメリカの相続税（連邦税）

アメリカの国税（連邦税）の相続税について説明します。この他に、州単位で課す相続税もあります。

① 課税方式

米国の相続税では、遺産課税方式が採用されています。遺産課税方式とは、被相続人の遺産全体を課税物件として課税する方式です。遺産課税方式は、米国、英国などの英米法系の国々および韓国で採用されています。

② 納税義務者

相続税の納税義務者は被相続人（厳密には遺産を管理する人格代表者）です。日本とは異なり、相続開始時における被相続人のステータス（国籍や居住の区分）により相続税の課税範囲が決まります。

1 米国市民または米国居住者（無制限納税義務者）

被相続人が、米国市民（US citizen）または米国に住所（ドミサイル※）を有する者（US domiciled）（以下において「米国居住者」という）に該当する場合は、死亡時における国内財産および国外財産に課税されます。

※相続税における住所（ドミサイル）の概念は所得税における居住地（residence）とは異なります。住所とは、その国から出国するという明確な、または、差し迫った意思無しに居住している国を意味し、その判定は、滞在期間、家族の所在、事業持分の所在および当該居住の意思の公的な申告（例えば、ビザ、グリーンカード申請、遺書、贈与証書等）を含み、事実および状況を基準に行われます。

2 非居住外国人（制限納税義務者）

被相続人が、米国市民でも米国居住者でもない場合（以下Ⅲにおいて「非居住外国人」という）は、死亡時におけるアメリカの国内財産のみに課税されます。

被相続人	課税対象
米国市民または米国居住者	国内財産および国外財産ともに課税
非居住外国人	国内財産のみに課税

米国に居住する被相続人であっても、保有するビザが一定期間のみであり、かつ、他国において社会的経済的な関係を維持している場合等には、米国に住所を有さないものとして取り扱われる場合があります。

■アメリカの相続税が課税されるパターン①

被相続人は、アメリカの制限納税義務者になり、アメリカ国内に所在する財産がアメリカ連邦相続税の対象となる

■アメリカの相続税が課税されるパターン②

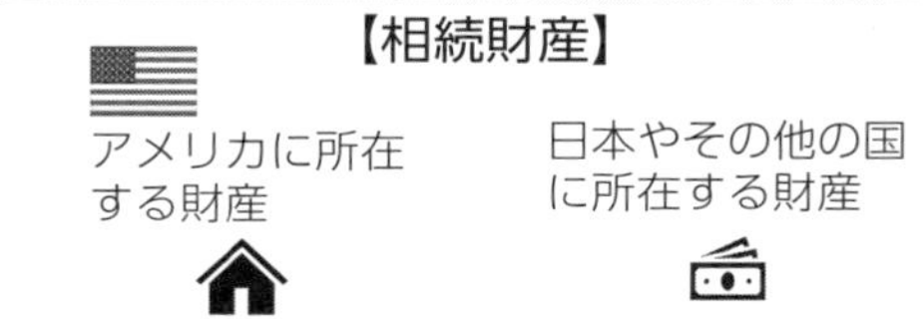

被相続人は、アメリカの無制限納税義務者になり、全世界に所在する財産がアメリカの連邦相続税の対象となる

③ 財産の評価

課税財産の評価は、原則として、相続開始時におけるその財産の時価により行います。一定の場合、死亡日から６か月後を遺産評価日として選択することができます。米国税において資産の「時価」とは、公開市場での独立企業間取引において買い手が売り手に支払う価格のことです。

なお、時価が公開されていない財産については、評価を行わなければなりません。ただし、評価を行う者は、相続税上の評価を行う適格な者（有資格者）でなければならず、資格保有を証明できなくてはなりません。

④ 各種控除

1 基礎控除

基礎控除額は、米国市民および米国居住者は、1,000万ドル（2018年１月から2025年までの時限措置（インフレ調整前））、非居住外国人は６万ドルです。

ただし、被相続人が米国市民ではない日本の居住者であっても、日米相続税条約4条の規定により、次の算式による基礎控除を適用することができます。

$$\text{米国市民および米国居住者の基礎控除額} \times \frac{\text{米国に所在する相続財産の価額の合計}}{\text{全世界の相続財産の価額の合計}}$$

なお、この適用は、米国内国歳入庁に対する手続が必要です。

米国市民または米国居住者は、生前（贈与税）または死亡時（相続税）のいずれにおいても基礎控除を使用できますが、生前（贈与時）に使用した額は基礎控除額から減額され、死亡時（相続税）の基礎控除額が減少することになります。

2 配偶者控除

課税所得計算に係る特例が設けられており、米国市民である配偶者が相続した財産は相続税計算時に全額が控除されます。

米国市民ではない配偶者の遺産相続については相続税条約に一定の控除が規定されている場合があります。

3 外国税額控除

国外財産について、当該外国で支払われた相続税については、相続税の税額控除を受けることができます。当該外国税額控除は米国市民および米国居住者のみが受けることができ、それ以外の者は当該外国税額控除を受けることができません。

⑤ 税率

課税移転額ごとの税率は下記の表のとおりです。

課税移転額A		累進調整B	適用税率C	加算額D
	$10,000 以下	$ 0	18%	$ 0
$10,000 超	$20,000 以下	$10,000	20%	$1,800
$20,000 超	$40,000 以下	$20,000	22%	$3,800
$40,000 超	$60,000 以下	$40,000	24%	$8,200
$60,000 超	$80,000 以下	$60,000	26%	$13,000
$80,000 超	$100,000 以下	$80,000	28%	$18,000
$100,000 超	$150,000 以下	$100,000	30%	$23,800
$150,000 超	$250,000 以下	$150,000	32%	$38,800
$250,000 超	$500,000以下	$250,000	34%	$70,800
$500,000 超	$750,000 以下	$500,000	37%	$155,800
$750,000 超	$1,000,000 以下	$750,000	39%	$248,300
$1,000,000 超		$1,000,000	40%	$345,800

税額　＝（A － B）× C ＋ D
（例）課税移転額 $20万の場合
（$200,000－ $150,000）×32％＋ $38,800＝ $54,800

⑥ 贈与税との関係

生前贈与に対しては、生涯に渡って累積課税し、相続税に対しては、過去の納付贈与税額を控除して課税の平準化を図る累積的課税方式が採用されています。すなわち、相続税または贈与税の税額を計算する際に、過去に行われた贈与財産の価額を遺産または贈与の価額に加算し、その合計額に統一移転税率を適用して、相続税額を計算します。

⑦ 申告納付期限

相続税の申告および納税の期限は被相続人の死亡後９か月以内です。ただし、申告期限・納付期限は12か月を超えない範囲で延長が認められます。

〔出典〕経済産業省（貿易経済協力局貿易振興課）委託調査「平成28年度内外一体の経済成長戦略構築にかかる国際経済調査事業」より抜粋、一部加工

Ⅳ フランスの相続税

① 課税方式

フランスの相続税では、遺産取得課税方式が採用されています。遺産取得課税方式とは、相続人その他の者が相続により取得した財産を課税物件として課税する方式です。遺産取得課税方式はドイツ、フランスなどのヨーロッパ大陸諸国で採用されています。

② 納税義務者

相続税の納税義務者は相続人であり、日本と同様に、相続開始時における被相続人および相続人のステータスにより、相続人ごとに課税財産の範囲が決まります。

1 無制限納税義務者

下記 2 以外の場合には、取得した国内財産・国外財産に対し、相続税の納税義務を負います。

2 制限納税義務者

相続開始時において被相続人がフランスにドミサイル※を有さず、かつ、相続人が相続開始前10年間にフランスにドミサイルを有していた期間が６年未満の場合には、取得した相続財産のうちフランス国内に所在するものに対し相続税の納税義務を負います。

相続人 ＼ 被相続人	国内にドミサイルを有し、かつ、過去10年のうち６年以上国内にドミサイルを有していた場合	左記以外
国内にドミサイルあり	国内財産・国外財産ともに課税	
国内にドミサイルなし	国内財産・国外財産ともに課税	国内財産のみに課税

※　ドミサイルの定義は、個人に関する基準、職業に関する基準および資産に関する基準（フランス税法 Impôt sur revenue　４B 条課税対象者 Personnes imposables に規定）に基づいています。

次の３つの基準のうち１つでも当てはまる場合には、税務上のフランス居住者（résident）とみなされます。

a　個人に関する基準

家（domicile）または主たる居住地（Lieu de résidence principal）がフランスにある個人は、税務上、フランス居住者とみなされます。家とは、個人およびその家族（配偶者および子女）が通常住み、かつ、通常滞在する場所と定義されています（フランスに配偶者および子女がいる納税者は、本人が長期間国外で働いている場合でも、通常、税務上のフランス居住者とみなされます）。

b　職業に関する基準

フランスで主な取引、事業または専門職業を行っている個人は、当該活動が補助的であることを示せる場合を除き、税務上、フランス居住者とみなされます。

c　経済および資産に関する基準

経済的利益の中心がフランスにある個人は、税務上、フランス居住者とみなされます。

■フランスの相続税が課税されるパターン①

この相続人は、フランスの制限納税義務者になり、フランス国内に所在する財産がフランスの相続税の対象となる

■フランスの相続税が課税されるパターン②

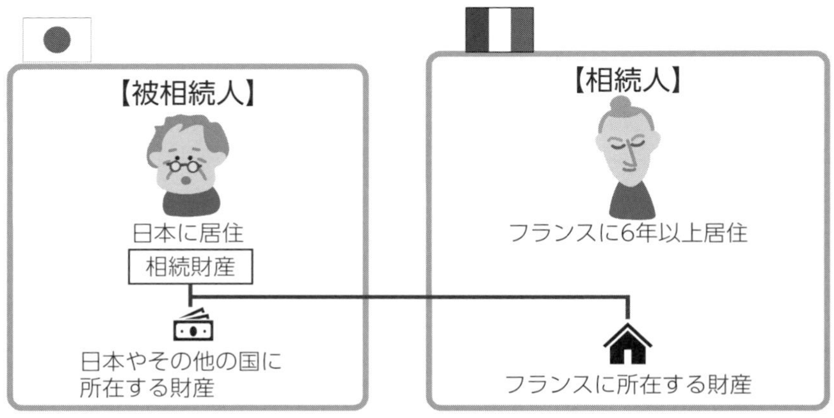

この相続人はフランスの無制限納税義務者になり、相続した財産はすべてフランスの相続税の対象となる

③ 相続税額の計算

相続税額は、下記の手順で計算されます。

① 相続財産および死亡前15年以内に行われた贈与（累積贈与額）により相続人が取得した財産の価額を計算し、一定の債務等を控除する。

② 当該合計額から一定の基礎控除額を控除し、課税価格を計算する。

③ 計算された課税価格に税率を乗ずる。

④ ③の額から一定の税額控除額を控除した金額をもって相続税額の納付税額を計算する。

④ みなし相続財産

保険金等は相続財産とみなされます。

⑤ 財産の評価

課税財産の評価は、原則として、相続開始時におけるその財産の本源的価値（Valeur intrinsèque）、市場価値（Valeur de marché）によって行われます。

⑥ 各種控除

1 基礎控除

基礎控除額は、被相続人との人的関係性により下記の金額となっています。

① 直系の子孫（または祖先）（つまり子女および親）には10万ユーロの控除

② 兄弟姉妹間には15,932ユーロの控除

③ 甥および姪には7,967ユーロの控除

④ 相続人が障害者の場合、家族関係の有無を問わず159,325ユーロの

控除

⑤　上記①～④のいずれにも該当しない場合は、1,594ユーロの控除

2 配偶者控除

配偶者間相続は相続税額にかかわらず、相続税が全額免除されます。

3 外国税額控除（フランス国内法に基づく税額控除）

フランス国外に所在する動産不動産について外国で課税された相続税については外国税額控除を受けることにより、二重課税を回避することができます。フランス国内資産について国外で課された税について控除を受けることはできません。

⑦ 税率

課税価格および対象ごとの税率は下記の表のとおりです（2021年1月現在）。

対象	課税価格	税率
直系の祖先または子孫	8,072EUR 未満	5％
	8,072EUR 以上12,109EUR 未満	10％
	12,109EUR 以上 15,932EUR 未満	15％
	15,932EUR 以上 552,324EUR 未満	20％
	552,324EUR 以上 902,838EUR 未満	30％
	902,838EUR 以上 1,805,677EUR 未満	40％
	1,805,677EUR 以上	45％
兄弟姉妹	24,430EUR 未満	35％
	24,430EUR 以上	45％
4親等以内の血族	―	一律 55％
5親等以上の血族および親族以外	―	一律 60％

⑧ 贈与税との関係

死亡前15年以内に行われた贈与は相続税計算時に加算されます（累積贈与額）。

⑨ 申告納付期限

申告期限は死亡日から６か月以内（被相続人が死亡時にフランス国外にいた場合は12か月以内）です。また、相続税申告書の提出の時までに納付をしなければなりません。

〔出典〕

・経済産業省（貿易経済協力局貿易振興課）委託調査「平成28年度内外一体の経済成長戦略構築にかかる国際経済調査事業」より抜粋、一部加工

・フランス財務省　République Fransaise impôts.gouv.fr.　相続税 “Dritos de succession”

第5章

国外転出(相続)時課税

I 国外転出時課税の制度

① 国外転出時課税の概要

国外転出時課税は、一般に「出国税」ともいわれており、2015年７月１日以後に時価１億円以上の株式等を有する居住者が国外転出（国内に住所および居所を有しないこととなることをいう）をする場合には、国外転出時に株式等の譲渡・決済を行ったものとみなし、その未実現のキャピタルゲイン（含み益）に対し、所得税および復興特別所得税（15.315%）が課税される制度です。

国外転出時課税は、その含み益が国外へ持ち出される事象をとらえて課税される制度ですので、贈与や相続により、居住者の保有する株式等が海外居住者に移転した場合も、その含み益が国外へ持ち出される結果になりますから、贈与時と相続時の国外転出時課税制度も設けられています。

いずれの場合も実際には譲渡をしていないにもかかわらず、課税されるため、納税資金をどうするか、という問題が生じます。

② 国外転出時課税の３つの制度

国外転出時課税は、次の３つのパターンに整理されます。

①　居住者が出国する場合【国外転出時課税】

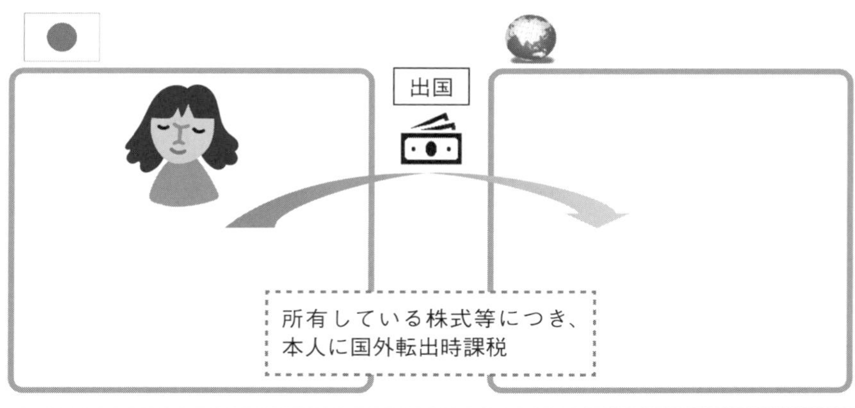
出国
所有している株式等につき、
本人に国外転出時課税
1億円以上の株式等を有する居住者が出国する

②　贈与の場合【国外転出（贈与）時課税】

贈与の場合の国外転出時課税を一般に「国外転出（贈与）時課税」といいます。

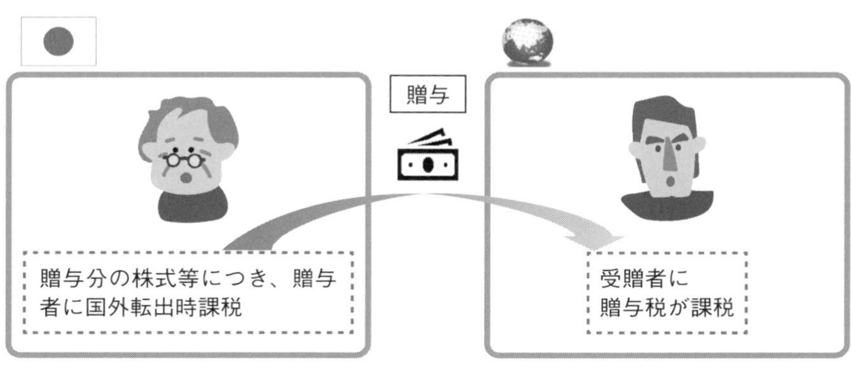
贈与
贈与分の株式等につき、贈与
者に国外転出時課税
受贈者に
贈与税が課税
1億円以上の株式等を有する居住者が、株式等を非居住者に贈与（非
居住者へ贈与する金額は問わない）

③　相続の場合【国外転出（相続）時課税】

相続の場合の国外転出時課税を一般に「国外転出（相続）時課税」といいます。

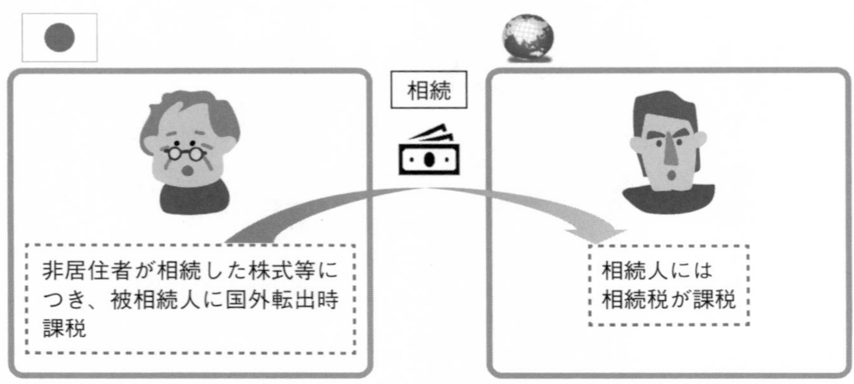
相続
非居住者が相続した株式等につき、被相続人に国外転出時課税
相続人には相続税が課税

被相続人が1億円以上の株式等を有する居住者である場合に、株式等を、非居住者が相続（非居住者が相続する金額は問わない）

③ 二重課税の問題

国外転出（贈与）時課税、国外転出（相続）時課税が適用されると、税目は違うものの、所得税と贈与税・相続税の二重課税となる場合があります。

つまり、株式等の含み益部分について同制度により所得税が課税され、その含み益部分は、その株式等が贈与税や相続税の課税価格にも含まれるからです。

ポイント

● 国外転出時課税は、①本人が出国する場合、②非居住者へ贈与する場合、③非居住者が相続する場合、の3つの制度がある。

Ⅱ　国外転出（相続）時課税の「準確定申告」

①　国外転出（相続）時課税

国外転出（相続）時課税とは、相続時に１億円以上の株式等の対象資産を保有している居住者から相続または遺贈により、非居住者が対象資産を取得した場合に、被相続人が相続時の価額により、非居住者が取得した対象資産の譲渡をしたものとみなして、被相続人に対し、その含み益に係る所得税が課税される制度です（所法60の３）。

■国外転出（相続）時課税

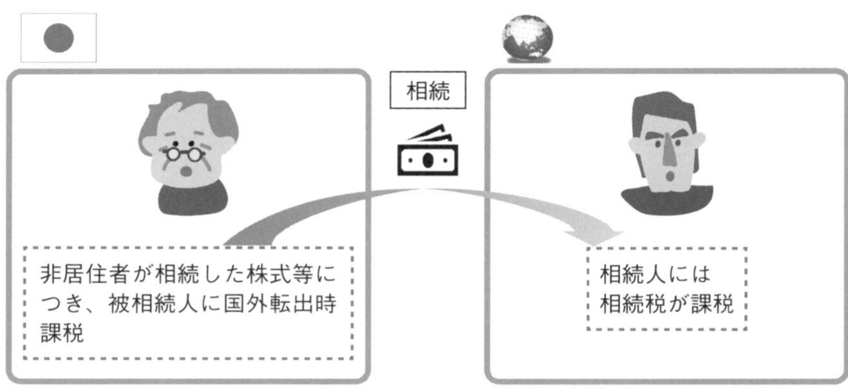

相続
非居住者が相続した株式等につき、被相続人に国外転出時課税
相続人には
相続税が課税
被相続人が１億円以上の株式等を有する居住者である場合に、株式等を、非居住者が相続（非居住者が相続する金額は問わない）

②　被相続人の準確定申告

相続人および包括受遺者は、相続の開始があったことを知った日の翌

日から4か月以内に、被相続人の最後の所得税の確定申告書を提出し(準確定申告)、納税も済ませます（所法2②、125①)。

国外転出（相続）時課税の適用がある場合の準確定申告では、被相続人の所得に、国外転出（相続）時課税による譲渡所得等の所得を含めて所得税を計算します。

③ 被相続人の所得税の納税義務の承継

被相続人の所得税の納税義務は、実際の遺産分割による取得分にかかわらず、相続人が民法による法定相続分に応じて負担します（通則法5①②)。

なお、相続によって得た財産の価額が、承継する国税の額を超えている相続人は、その超える額を限度として、他の相続人が承継した国税についても納付する責任があります（通則法5③)。

設例

次の場合の国外転出（相続）時課税の適用について教えてください。
- 被相続人は、生涯、日本に居住していた。
- 相続人は子のA（居住者）と子のB（非居住者）
- 遺産は、相続時の時価1億2,000万円の株式
- 居住者Aは、1億円の株式を相続
- 非居住者Bは、2,000万円の株式を相続

回答・解説

被相続人は生涯日本に居住し、遺産に時価1億円以上の株式を所有しており、非居住者Bが株式を相続していますので、国外転出（相続）時課税が課税されます。

対象資産が時価1億円以上であるか否かの判定は、遺産の相続時の時

価総額１億2,000万円で判定され、非居住者Ｂの相続した株式の時価の2,000万円で判定されるものではありません。

非居住者Ｂの相続した2,000万円の株式は、被相続人により相続時の価額（時価）で譲渡があったものとみなされ、相続人は、その株式の含み益について準確定申告を行い、納税をします。

納税義務は居住者Ａと非居住者Ｂが法定相続分に応じて、２分の１ずつ負担します。非居住者Ｂだけが負担するものではありません。

④ 準確定申告の期限までに未分割の場合

1 未分割のときの準確定申告

民法では、遺産が未分割のときは、被相続人の財産は各相続人の共有に属し、その法定相続分に応じて権利義務を承継するとされます（民法898、899）。

国外転出（相続）時課税の対象となる株式等も、遺産が未分割のときは、民法のルールに従い相続時から遺産が分割されるまでの期間は、各相続人が法定相続分に応じて取得したものとされます。

よって、準確定申告の期限までに遺産分割協議が成立しないときは、非居住者の法定相続分に対し、国外転出（相続）時課税が課されることになります。

2 準確定申告の申告後に遺産が分割されたとき

民法では遺産の分割は、相続開始の時に遡ってその効力を生ずるとされています（民法909）。準確定申告の申告時まで未分割であった株式等について、申告後に分割されたときは、その株式等について、非居住者が相続時に遡って取得すること、または、しないこととなりますから、遺産分割の結果に従って国外転出（相続）時課税の計算をし直します。

計算し直した税額に基づき、当初の準確定申告について更正の請求または修正申告を行います。いずれも遺産分割の成立した日から４か月以内に行うことが必要です（所法151の６①一、153の５）。

設例

次の場合の国外転出（相続）時課税の適用について教えてください。
・被相続人：生涯、日本に居住していた。
・相続人：子のＡ（居住者）、子のＢ（非居住者）。
・遺産：時価１億2,000万円の株式（含み益は3,000万円）
・相続の状況：遺言書はなく、準確定申告の期限までは遺産は未分割
・その後の遺産分割協議：株式はすべて居住者Ａが相続する

回答・解説

被相続人は生涯日本に居住し、遺産に時価１億円以上の対象資産を所有しています。そして、遺産が未分割ですので、非居住者の法定相続分に対応する株式等について、国外転出（相続）時課税が適用されることになります。

⑴　準確定申告

非居住者Ｂの法定相続分6,000万円（１億2,000万円×１/２）に係る含み益（3,000万円×１/２）の所得を含めて準確定申告を行います。

⑵　更正の請求

その後、遺産分割協議により非居住者である相続人Ｂは株式を相続しないことになったので、相続時に遡り国外転出（相続）時課税はなくなります。よって、更正の請求により還付を受けることができます。

■準確定申告の期限までに未分割のとき

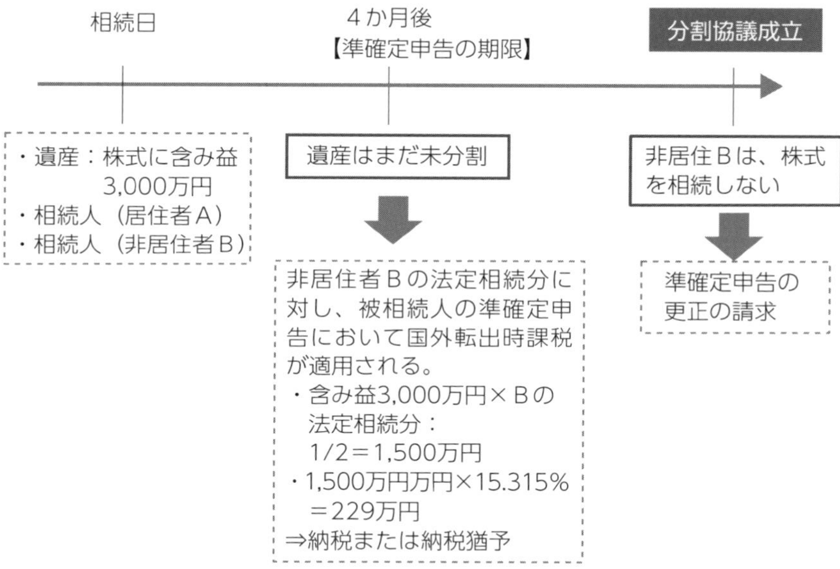

ポイント

- 準確定申告の申告期限までに遺産が未分割のときは、いったん、法定相続分により相続したものとされ、非居住者の法定相続分に対応する対象資産に国外転出（相続）時課税が適用される。
- その後に遺産が分割されたときに、その分割内容に従って更正の請求または修正申告を行う。

Ⅲ 対象者および対象資産

① 対象者

次のすべてに該当する被相続人に国外転出（相続）時課税が適用されます（所法60の３①～③⑤）。

① 相続時に国内に住所または居所を有していた居住者であること

② 相続の日前10年以内に、国内に住所または居所を有していた期間の合計が５年超であること

③ 所有または契約する対象資産の相続時における次の金額の合計額が、１億円以上であること

・相続時の有価証券等の価額に相当する金額

・相続時に未決済信用取引等または未決済デリバティブ取引を決済したものとみなして算出した利益の額または損失の額に相当する金額

④ 非居住者が対象資産を相続または遺贈により取得すること

② 対象資産

国外転出（相続）時課税の対象資産は次の資産です（所法２①十七、所令４）。対象資産には、外国法人の株式や、国外の証券会社の口座で保有しているもの、含み損があるものや、譲渡による所得が非課税となるNISA口座内の有価証券なども含みます。

① 有価証券等

・所得税法上の有価証券（株式や投資信託、国債、地方債など。内国法人や外国法人、上場、非上場を問わない）

・匿名組合契約の出資の持分

② 未決済の信用取引や未決済の発行日取引

③　未決済のデリバティブ取引（先物取引・オプション取引等）

③ 居住者および非居住者

1 用語の定義

居住者とは、国内に住所があり、または現在まで引き続いて１年以上居所がある個人をいいます。

非居住者とは、居住者以外の個人をいいます。

☛　第６章「Ⅰ　国内財産に係る所得税」

2 非居住者に含まれる者「海外勤務中や留学中の者」

所得税法上、１年以上の予定で海外勤務や海外留学をしている者は、その居住する外国に住所を有する（＝非居住者）と推定されます。

☛　第６章Ⅲ「④　所得税法における『住所』の判定」

したがって、居住者である被相続人の遺産に１億円以上の株式等があり、相続人や受遺者に１年以上の予定で、海外勤務や海外留学をしている者がいる場合に、これらの者が株式等を取得した（または遺産が未分割である）ときは、国外転出（相続）時課税の対象となります。

④ 国内に住所または居所を有していた期間

上記①②の要件の「国内に住所または居所を有していた期間」（以下「国内居住期間」という）は次のように計算します。

1 国内居住期間に含まれない期間

①　別表第一の在留資格での在留期間

国内に住所または居所を有していても、外国人が、出入国管理及び難民認定法別表第一の在留資格（いわゆる「就労ビザ」）で在留していた期間は、国内居住期間には含まれません（所令170③一、170の２①）。

よって、外国人が転勤等で日本に一時的に滞在している間に死亡した場合は国外転出（相続）時課税の対象外となります。

☛ 第２章Ⅰ①「1　在留資格とは」
☛ 第５章「XIII　外国人の国外転出（相続）時課税」

②　別表第二の在留資格での滞在期間

平成27年６月30日までに同法別表第二の在留資格（永住者等）で在留している期間がある場合には、その期間は国内居住期間に含まれません（平成27年改正政令141号 附則８②）。

2　国内居住期間に含まれる期間

国外に居住している期間でも、国外転出時課税の納税猶予の適用を受けている場合の、その納税猶予期間は国内居住期間に含まれます（所令170③二、三、170の２①）。

Ⅳ 国外転出時課税の非上場株式の価額

① 国外転出時課税が適用される場合の「非上場株式の価額」

非上場株式について、国外転出（相続）時課税が適用される場合の、“譲渡があったものとみなされる相続の時における価額”は、次の価額によります（所基通23～35共－９、59－６、60の２－７、60の３－５）。

① 売買実例のあるもの……最近において売買の行われたもののうち適正と認められる価額

② 売買実例がなく、類似する他の法人の株式の価額のあるもの……その価額に比準して推定した価額

③ 上記以外のもの……相続の日における、その株式の発行法人の１株当たりの純資産価額等を参酌して通常取引されると認められる価額

② １株当たりの純資産価額等を参酌して通常取引されると認められる価額

上記①③の「１株当たりの純資産価額等を参酌して通常取引されると認められる価額」とは、原則として、次の①～④によることを条件に、財産評価基本通達（取引相場のない株式の評価）により算定することが認められます（所基通59－６）。

① 財産評価基本通達188（１）に定める「同族株主」に該当するかどうかは、被相続人の相続開始直前の議決権の数により判定する。

② 被相続人が、株式の発行会社の中心的な同族株主に該当するときは、その発行会社は常に小会社として計算する。

③　１株当たりの純資産価額の計算に当たり、株式の発行会社が土地等または上場有価証券を有しているときは、これらの資産については、相続時の価額により評価する。

④　１株当たりの純資産価額の計算に当たり、評価差額に対する法人税額等に相当する金額は控除しない。

③ 相続税における非上場株式の評価額との相違

上記②の非上場株式の価額は、相続税の財産評価基本通達による価額と異なります。例えば、その非上場会社が、財産評価基本通達の大会社に該当するときは、下図のように株式の価額が異なることとなります。

■非上場株式の価額は、相続税と国外転出（相続）時課税で異なる例〔非上場株式（大会社）が遺産にあるとき〕

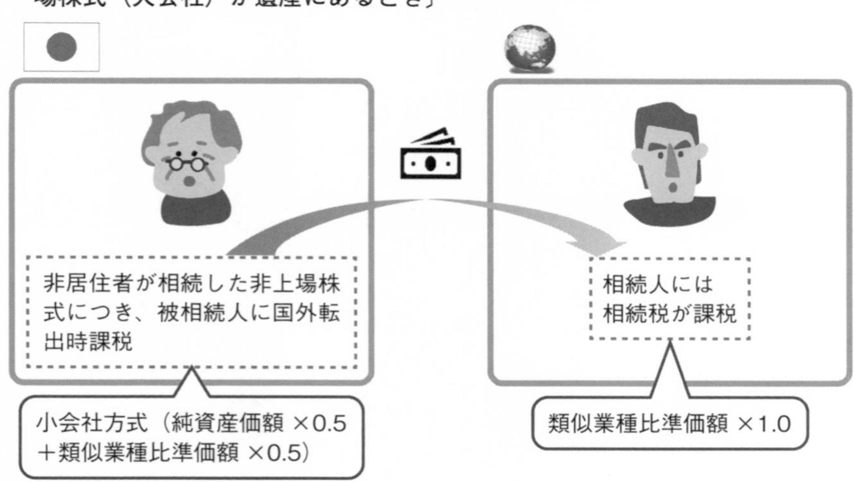

※　同じ非上場株式につき、２種類の株価の算定が必要になる

ポイント

- 国外転出（相続）時課税の非上場株式の価額は、売買実例等がないときは、所得税基本通達59−6の方法により算定する。
- 相続税の株式評価額とは異なる。

V 国外転出（相続）時課税の計算「上場株式等に含み損がある場合」

① 上場株式等に係る譲渡損失の損益通算および繰越控除とは

証券会社などの金融商品取引業者等を通じて上場株式等を譲渡したこと等により生じた損失がある場合は、所得税の確定申告により、その年分の上場株式等に係る配当所得の金額で申告分離課税を選択したものと損益通算することができます（措法37の12の２①）。

また、損益通算してもなお控除しきれない損失の金額については、翌年以後３年間にわたり、確定申告により上場株式等に係る譲渡所得の金額および上場株式等に係る配当所得の金額から繰越控除することができます（措法37の12の２⑤）。

② 国外転出時課税の計算に、上場株式等に係る「みなし」譲渡損失がある場合

国外転出（相続）時課税の計算は、実際に譲渡があった場合の計算と同様ですので、国外転出（相続）時課税の計算上、含み損失があるときは、譲渡損失があるものとみなして、上場株式等に係る譲渡損失の損益通算および繰越控除の特例の適用を受けることができます。

VI 帰国等をした場合の課税の取消し

① 帰国等をした場合の課税の取消し

国外転出（相続）時課税が適用された対象資産（以下「適用資産」という）が、次に該当する場合には、国外転出（相続）時課税により行われたとみなされた譲渡または決済は、すべてなかったものとすることができます（所法60の３⑥）。

この制度は、一般に、「課税の取消し」といわれます。

1 帰国をした場合

適用資産を相続または遺贈により取得した非居住者（複数いる場合には全員）が、相続の日から５年以内（納税猶予期限の延長をしているときは10年。以下同じ）に帰国※をした場合は、その帰国の時まで引き続き保有している適用資産に対する課税が取り消されます。

※帰国とは、国内に住所を有し、または現在まで引き続いて１年以上居所を有することとなることをいいます（所法60の２⑥）。よって、一時帰国は除きます。

2 居住者への贈与による移転

国外転出（相続）時課税に係る非居住者である相続人等が、相続の日から５年以内に、適用資産を贈与により居住者に移転した場合は、その贈与による移転があった適用資産に対する課税が取り消されます。

3 居住者への相続による移転

相続の日から５年以内に、国外転出（相続）時課税に係る非居住者である相続人等が死亡（第二回相続）したことにより、適用資産の相続または遺贈により移転を受けた相続人等がすべて居住者となった場合は、その相続または遺贈（第二回相続）により移転があった適用資産に対する課税が取り消されます。

②　更正の請求または修正申告

課税の取消しをするためには、上記①**1**～**3**の帰国の日や贈与、相続または遺贈（第二回相続）の日から４か月以内に更正の請求または修正申告をする必要があります（所法151の３①、153の３①）。

■ 納税猶予の期限延長をしている場合

納税猶予の適用を受け、納税猶予の期限延長をしている場合には、上記の規定中、「５年」とあるのは「10年」として課税の取消しをすることができます（所法60の３⑦）。

☛　第５章「Ⅶ　国外転出（相続）時課税の納税猶予」

ポイント

- 国外転出（相続）時課税が適用された資産を相続したすべての非居住者が相続の日から５年以内（納税猶予の延長をしているときは10年）に帰国したときは、国外転出（相続）時課税は取り消される。
- 国外転出（相続）時課税が適用された資産が、贈与や相続により居住者へ再移動した場合も同様。
- 課税の取消しをするには、修正申告や更正の請求の手続が必要。

Ⅶ 国外転出（相続）時課税の納税猶予

① 納税猶予

国外転出時課税については、納税猶予の制度があります。

国外転出時課税の納税猶予の適用要件には、相続税の延納（相法38）のような「金銭納付困難事由」はありませんので、納税資金の余裕の有無・程度に関係なく適用を受けることができます。

② 納税猶予の適用要件

国外転出（相続）時課税の納税猶予の適用を受けるためには、次のすべての要件を満たす必要があります（所法137の３②④）。

① 被相続人の準確定申告の申告期限までに対象資産を取得した非居住者の全員が納税管理人の届出をすること

② 被相続人の準確定申告に、次のイの事項を記載し、ロとハの書類を添付します。

イ 申告書に納税猶予の特例の適用を受けようとする旨を記載（適用条文番号「所得税法137条の３第２項」を記載する）

ロ 国外転出等の時に譲渡または決済があったものとみなされる対象資産の明細書（兼納税猶予の特例の適用を受ける場合の対象資産の明細書）《確定申告書付表》

ハ 国外転出をする場合の譲渡所得等の特例等に係る納税猶予分の所得税及び復興特別所得税の額の計算書

③ 被相続人の準確定申告の申告期限までに所得税額および猶予期間中の利子税額の合計額に相当する担保の提供をすること（所基通137の２－９）

■所得税の申告書　第３表

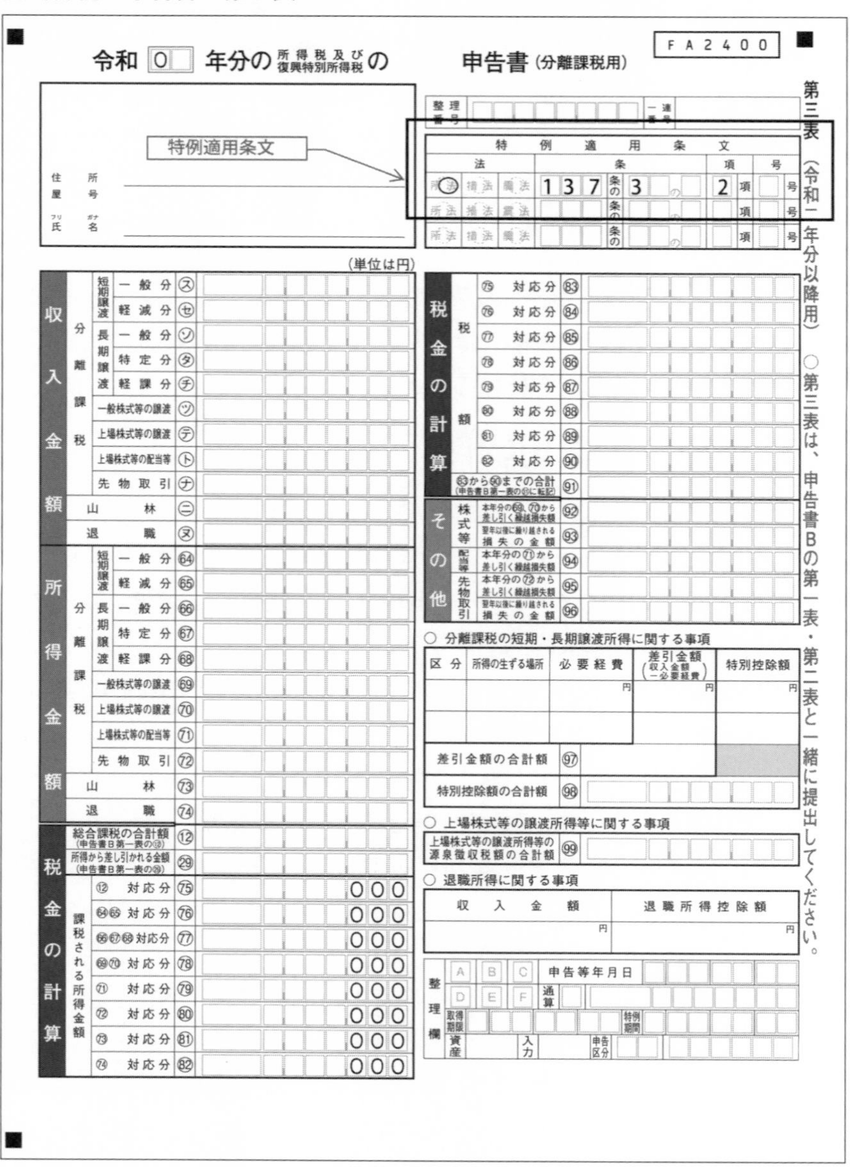

令和 0 年分の 所得税及び復興特別所得税 の 申告書（分離課税用）

FA2400

第三表（令和一年分以降用）

住所
屋号
フリガナ
氏名

特例適用条文

整理番号		一連番号	

特例適用条文			
法	条	項	号
所法 措法 震法	137 条の 3 の	2 項	号
所法 措法 震法	条の の	項	号
所法 措法 震法	条の の	項	号

（単位は円）

区分			記号	金額
収入金額	分離課税 短期譲渡	一般分	㋜	
		軽減分	㋝	
	長期譲渡	一般分	㋞	
		特定分	㋟	
		軽課分	㋠	
	一般株式等の譲渡		㋡	
	上場株式等の譲渡		㋢	
	上場株式等の配当等		㋣	
	先物取引		㋤	
	山林		㋥	
	退職		㋦	
所得金額	分離課税 短期譲渡	一般分	64	
		軽減分	65	
	長期譲渡	一般分	66	
		特定分	67	
		軽課分	68	
	一般株式等の譲渡		69	
	上場株式等の譲渡		70	
	上場株式等の配当等		71	
	先物取引		72	
	山林		73	
	退職		74	
税金の計算	総合課税の合計額（申告書B第一表の⑫）		12	
	所得から差し引かれる金額（申告書B第一表の㉙）		29	
	課税される所得金額	⑫対応分	75	000
		64 65 対応分	76	000
		66 67 68 対応分	77	000
		69 70 対応分	78	000
		71 対応分	79	000
		72 対応分	80	000
		73 対応分	81	000
		74 対応分	82	000

区分		記号	金額
税金の計算 税額	75 対応分	83	
	76 対応分	84	
	77 対応分	85	
	78 対応分	86	
	79 対応分	87	
	80 対応分	88	
	81 対応分	89	
	82 対応分	90	
	83から90までの合計（申告書B第一表の㉛に転記）	91	
その他 株式等	本年分の69、70から差し引く繰越損失額	92	
	翌年以後に繰り越される損失の金額	93	
配当等	本年分の71から差し引く繰越損失額	94	
先物取引	本年分の72から差し引く繰越損失額	95	
	翌年以後に繰り越される損失の金額	96	

○ 分離課税の短期・長期譲渡所得に関する事項

区分	所得の生ずる場所	必要経費	差引金額（収入金額－必要経費）	特別控除額
		円	円	円
差引金額の合計額		97		
特別控除額の合計額		98		

○ 上場株式等の譲渡所得等に関する事項

上場株式等の譲渡所得等の源泉徴収税額の合計額	99	

○ 退職所得に関する事項

収入金額	退職所得控除額
円	円

整理欄　A B C 申告等年月日　D E F 通算　取得期限　特例期間　資産　入力　申告区分

○第三表は、申告書Bの第一表・第二表と一緒に提出してください。

■国外転出の時に譲渡又は決済があったものとみなされる対象資産の明細書（兼納税猶予の特例の適用を受ける場合の対象資産の明細書）《確定申告書付表》

国外転出等の時に譲渡又は決済があったものとみなされる対象資産の明細書（兼納税猶予の特例の適用を受ける場合の対象資産の明細書）《確定申告書付表》

【令和____年分】

【令和二年一月一日以後国外転出・贈与・相続開始用】

整理番号	

住所		フリガナ 氏名	
電話番号 （連絡先）	職業	関与税理士名 （電話）	（　　　）

1　国外転出等の日及び国外転出等の日前10年以内における国内在住期間

区分	納税猶予の適用の有無	国外転出等の日（又は国外転出の予定日）		国外転出等の日前10年以内における国内在住期間
□ 国外転出の場合（所法60条の２）	□ 有 □ 無	□ 国外転出の日	___年___月___日	・___年___月___日 ～___年___月___日
		□ 国外転出の予定日 （国外転出の予定日から起算して３月前の日）	___年___月___日 （___年___月___日）	
□ 贈与、相続又は遺贈の場合（所法60条の３）	□ 有 □ 無	□ 贈与の日	___年___月___日	・___年___月___日 ～___年___月___日
		□ 相続開始の日	___年___月___日	

2　譲渡又は決済があったものとみなされる対象資産の移転を受けた受贈者又は相続人等の氏名及び住所（又は居所）

区分	氏名	住所（又は居所）
□ 受贈者 □ 相続人・受遺者		
□ 受贈者 □ 相続人・受遺者		

3　譲渡又は決済があったものとみなされる対象資産の収入金額等

所得区分			① 収入金額 （差金等決済に係る利益又は損失の額）	② 取得費	差引金額（①－②）
総合課税	事業所得（営業等）		円	円	円
	雑所得（その他）				
	総合譲渡	短期			
		長期			
分離課税	一般株式等の譲渡				
	上場株式等の譲渡				
	先物取引				

（注）　所得税法第60条の２第１項から第３項まで又は第60条の３第１項から第３項までの規定により譲渡又は決済があったものとみなされる「3」及び「4」の金額をそれ以外の所得と合算して所得税及び復興特別所得税の計算を行います。
なお、所得税法第137条の２第１項又は第137条の３第１項若しくは第２項に規定する納税猶予の特例の適用を受ける場合は、「3」の金額が納税猶予の特例の対象となります。

4　確定申告期限までに移転等した対象資産の収入金額等

所得区分			① 収入金額 （差金等決済に係る利益又は損失の額）	② 取得費	差引金額（①－②）
総合課税	事業所得（営業等）		円	円	円
	雑所得（その他）				
	総合譲渡	短期			
		長期			
分離課税	一般株式等の譲渡				
	上場株式等の譲渡				
	先物取引				

（注）　所得税法第137条の２第１項又は第137条の３第１項若しくは第２項に規定する納税猶予の特例の適用を受ける場合は、「4」の金額は納税猶予の特例の対象となりません。

（資６－100－Ａ４統一）R2. 11

5　相続等の時に有している又は契約を締結している対象資産の明細（非居住者である相続人等に移転したもの）

氏名（被相続人）	
氏名（相続人等）	

種類	銘柄等	数量	所在	価額等 （収入金額）	取得費	取得等年月日	所得区分	移転等の日及び減額又は取消の有無
①　非居住者である相続人等に移転した対象資産のうち、下記②及び③以外のもの								
				円	円	・　・	総合 （事・雑・譲（長・短）） 分離（一般・上場・先物）	
						・　・	総合 （事・雑・譲（長・短）） 分離（一般・上場・先物）	
						・　・	総合 （事・雑・譲（長・短）） 分離（一般・上場・先物）	
						・　・	総合 （事・雑・譲（長・短）） 分離（一般・上場・先物）	
②　非居住者である相続人等に移転した対象資産のうち、非居住者である相続人等が確定申告期限までに移転等したもの（下記③を除く。）								
						・　・	総合 （事・雑・譲（長・短）） 分離（一般・上場・先物）	移転等の日 （　・　・　） 減額・取消
						・　・	総合 （事・雑・譲（長・短）） 分離（一般・上場・先物）	移転等の日 （　・　・　） 減額・取消
						・　・	総合 （事・雑・譲（長・短）） 分離（一般・上場・先物）	移転等の日 （　・　・　） 減額・取消
③　非居住者である相続人等に移転した対象資産のうち、譲渡による所得が非課税のもの								
						・　・		
						・　・		
						・　・		
計				Ⓐ				

（注１）　課税方法（総合・分離）及び所得区分に応じて、①の対象資産に係る「価額等（収入金額）」欄の金額の合計額及び「取得費」欄の金額の合計額を「３」に記載します。なお、①の対象資産が、所得税法第137条の３第２項の規定の適用を受ける場合の適用相続等資産となります。

（注２）　②の対象資産について、所得税法第60条の３第10項の規定において準用する同条第８項の規定の適用があるもの（「減額」を○で囲んだもの）がある場合のⒶの金額は、その適用前の金額により計算します。

（注３）　課税方法（総合・分離）及び所得区分に応じて、②の対象資産に係る「価額等（収入金額）」欄の金額（所得税法第60条の３第10項の規定において準用する同条第８項の規定の適用があるもの（「減額」を○で囲んだもの）は、その適用後の金額）の合計額及び「取得費」欄の金額の合計額を「４」に記載します。なお、所得税法第60条の３第６項の規定により譲渡又は決済の全てがなかったものとされるもの（「取消」を○で囲んだもの）は、記載しません。

（注４）　③については、租税特別措置法第37条の15などの規定により譲渡による所得が非課税又は損失がないものとみなされるものについて記載し、当該「価額等（収入金額）」欄の金額及び「取得費」欄の金額は「３」及び「４」のいずれにも記載しません。

（注５）　対象資産を取得した非居住者である相続人等が複数いる場合は、その相続人等ごとに作成します。

《１億円の判定》

相続等の時に有している又は契約を締結している対象資産の価額等の合計額 （「５のⒶ」＋「６のⒷ」）	Ⓒ	※　Ⓒ≧１億円で、かつ、相続開始の日前10年以内における被相続人の国内在住期間が５年超の場合、「贈与等により非居住者に資産が移転した場合の譲渡所得等の特例（所法60条の３）」の適用があります。

※　所得税法第 151 条の５（遺産分割等があった場合の期限後申告等の特例）の適用がある場合

遺産分割等の事由	所法第 151 条の６第１項第　　号 （所令第 273 条の２第　　号）	遺産分割等の年月日	年　　月　　日

【国外転出（相続）時課税（所法 60 条の３）用】

6　相続等の時に有している又は契約を締結している対象資産の明細（「５」以外のもの）

氏名（被相続人）	

種　類	銘柄等	数　量	所　在	価額等
				円
計				Ⓑ

■国外転出をする場合の譲渡所得等の特例等に係る納税猶予分の所得税及び復興特別所得税の額の計算書

【令和＿＿年分】

国外転出をする場合の譲渡所得等の特例等に係る納税猶予分の所得税及び復興特別所得税の額の計算書

【令和二年一月一日以後国外転出・贈与・相続開始用】

整理番号

住所		フリガナ 氏名	
電話番号 （連絡先）		職業		関与税理士名 （電話）	（　　）

適用資産等について国外転出時課税制度の適用がないものとした場合における本年分の税金の計算				
所得金額	総合課税	事業（営業等）	①	
		雑	②	
		総合譲渡・一時	③	
		申告書B第一表②から⑥対応分 計	④	
		総合課税の所得金額 計（①+②+③+④）	⑤	
	分離課税	申告書第三表⑧から⑩対応分 計	⑥	
		一般株式等の譲渡	⑦	
		上場株式等の譲渡	⑧	
		上場株式等の配当等	⑨	
		先物取引	⑩	
		申告書B第三表⑤⑥対応分 計	⑪	
所得から差し引かれる金額（申告書B第一表㉙）			⑫	
課税される所得金額		⑤　対応分	⑬	,000
		⑥　対応分	⑭	,000
		⑦⑧　対応分	⑮	,000
		⑨　対応分	⑯	,000
		⑩　対応分	⑰	,000
		⑪　対応分	⑱	,000
税金の計算		⑬　対応分	⑲	
		⑭　対応分	⑳	
		⑮　対応分	㉑	
		⑯　対応分	㉒	
		⑰　対応分	㉓	
		⑱　対応分	㉔	

税金の計算			
	⑲から㉔までの合計	㉕	
	所得税額から差し引かれる金額（申告書B第一表㉜から㊵対応分 計）	㉖	
	差引所得税額（㉕－㉖）	㉗	
	災害減免額	㉘	
	再差引所得税額（基準所得税額）（㉗－㉘）	㉙	
	復興特別所得税額（㉙×2.1％）	㉚	
	所得税及び復興特別所得税の額（㉙+㉚）	㉛	
	外国税額控除等	㉜	

納税猶予税額の計算			
（申告書B第一表㊺－㊻－㊼）の金額		Ⓐ	
（㉛－㉜）の金額		Ⓑ	
納税猶予分の所得税額等（Ⓐ－Ⓑ）（※）		Ⓒ	00
申告書B第一表㊿欄の金額		Ⓓ	00
納税猶予税額	Ⓒ<Ⓓ…Ⓒの金額	Ⓔ	00
	Ⓒ≧Ⓓ…Ⓓの金額		

※　Ⓒの金額が負の場合は零

申告期限までに納付する金額		
Ⓓ－Ⓔ	Ⓕ	00

○　遺産分割等があり修正申告をする場合		
遺産分割等の事由	所法第151条の６第１項第　号 （所令第273条の２第　号）	
遺産分割等の事由が生じた年月日	年　月　日	
確定申告における納税猶予税額	Ⓖ	00
増加する納税猶予税額（Ⓔ－Ⓖ）	Ⓗ	00

（注）　Ⓕの金額が申告期限までに納付する金額となりますので、ご注意ください。

○この計算書は、申告書と一緒に提出してください。

（資６－101－Ａ４統一）R2.11

③ 納税猶予の期限

納税猶予の期限は、次の**1**から**5**の場合に応じ、それぞれの期日です。納税猶予の期限が終了した場合は、その翌日以後4か月を経過する日までに猶予をされていた所得税とその猶予期間中の利子税を併せて納付する必要があります（所法137の3②、③、⑥、⑨、⑪、⑭）。

1 原則の期限

原則の納税猶予の期限は、相続の日から5年を経過する日です。

2 納税猶予の期限延長届出書を提出した場合

相続の日から5年を経過する日までに延長届出書を提出した場合は、納税猶予の期限は相続の日から10年を経過する日までになります。

3 実際に譲渡等をした場合（一部確定事由に該当するとき）

納税猶予の適用を受けている株式等を猶予期間中に実際に譲渡等をした場合には、譲渡等をした部分に対応する猶予税額については、譲渡等の日から4月を経過する日が期限になります（所法137の3⑥）。

4 納税管理人を解任した場合

納税管理人を解任し、または個人の納税管理人の死亡、法人の納税管理人の解散等の事実が生じたときに、一定期間内に新たな納税管理人の届出をしないとき等には、税務署長は納税猶予の期限を繰り上げ、納付を求めることができます（所令266の3⑮）。

5 継続適用届出書の提出がない場合

納税猶予に期間中に、下記④の継続適用届出書の提出がないときは、継続届出書の提出期限から4月を経過する日が期限となります。

■国外転出をする場合の譲渡所得等の特例等に係る納税猶予の期限延長届出書

国外転出をする場合の譲渡所得等の特例等に係る納税猶予の期限延長届出書

税務署受付印

＿＿＿＿税務署長 令和＿＿年＿＿月＿＿日提出	納税者（代表者）	住　所 又は居所	〒　- （TEL　-　-　）
		フリガナ 氏　名	
		納 税 地	〒　- （TEL　-　-　）
	納税管理人	住　所	〒　- （TEL　-　-　）
		フリガナ 氏　名	

所得税法第137条の＿＿第＿＿項※1の適用を受けていますが、同条第＿＿項※2の規定により、納税の猶予に係る期限の延長（５年延長）を受けたいので、その旨及び下記のとおり届出をします。

記

1　特例の適用を受けた年分の所得税及び復興特別所得税の（準）確定申告書に関する事項

平成・令和＿＿年分　＿＿＿＿税務署　平成・令和＿＿年＿＿月＿＿日提出　氏名＿＿＿＿

2　国外転出、贈与又は相続開始の日

平成・令和＿＿年＿＿月＿＿日　国外転出　・　贈与　・　相続開始

（遺産分割等の事由が生じた年月日：平成・令和＿＿年＿＿月＿＿日）

3　帰国予定日

令和＿＿年＿＿月＿＿日　帰国予定　・　帰国予定なし

4　所得税法第137条の３第１項又は第２項の適用を受けている場合の受贈者又は被相続人（遺贈者）

・　第１項の適用を受けている場合の受贈者

住所又は居所＿＿＿＿＿＿＿＿＿＿　氏名＿＿＿＿＿＿

・　第２項の適用を受けている場合の被相続人（遺贈者）

住所又は居所＿＿＿＿＿＿＿＿＿＿　氏名＿＿＿＿＿＿

5　その他参考となる事項

関与税理士		電話番号	

この欄には書かないでください。→

税務署整理欄	通信日付印の年月日	（確認）	整　理　番　号	（名　簿　番　号）
	年　月　日			

（資６－102－Ａ４統一）R3.3

■国外転出をする場合の譲渡所得等の特例等に係る納税猶予期限の一部確定事由が生じた場合の適用資産等の明細書

この欄には書かないでください。

通信日付印の年月日	(確認)			整理番号	(名簿番号)
年　月　日					

国外転出をする場合の譲渡所得等の特例等に係る
納税猶予期限の一部確定事由が生じた場合の適用資産等の明細書

税務署受付印

＿＿＿＿税務署長

令和＿＿年＿＿月＿＿日提出

納税者（代表者）	住所又は居所	〒　-　(TEL　-　-　)
	フリガナ 氏名	
	納税地	〒　-　(TEL　-　-　)
納税管理人	住所	〒　-　(TEL　-　-　)
	フリガナ 氏名	

所得税法第137条の＿＿第＿＿項※1の適用を受けていますが、同条第＿＿項※2に掲げる事由が生じたので、所得税法施行令第266条の＿＿第＿＿項※3の規定により、下記のとおり提出します。

記

1　特例の適用を受けた年分の所得税及び復興特別所得税の（準）確定申告書に関する事項
　平成・令和＿＿年分　＿＿＿＿税務署　平成・令和＿＿年＿＿月＿＿日提出　氏名＿＿＿＿

2　国外転出、贈与又は相続開始の日
　平成・令和＿＿年＿＿月＿＿日　国外転出　・　贈与　・　相続開始

3　現在、納税が猶予されている所得税及び復興特別所得税の金額等
　(1)　現在の納税猶予期限　　令和＿＿年＿＿月＿＿日
　(2)　現在、納税が猶予されている所得税及び復興特別所得税の金額　＿＿＿＿円

4　納税猶予期限の一部確定する所得税及び復興特別所得税の金額等
　(1)　確定する納税猶予期限　　令和＿＿年＿＿月＿＿日
　(2)　確定する所得税及び復興特別所得税の金額　＿＿＿＿円
　(3)　確定する所得税及び復興特別所得税の金額の計算に関する事項
　　付表1「納税猶予期限の一部確定する所得税等の金額に関する計算書」のとおり
　(4)　一部確定事由が発生した適用資産等の明細

種類	銘柄等	数量	所在	譲渡等年月日	一部確定事由	価額等	取得費
				・　・		円	円

5　その他参考となる事項

関与税理士		電話番号	

（資6－104－1－A4統一）R3.3

■付表１　納税猶予期限の一部確定する所得税等の金額に関する計算書

付表１

納税猶予期限の一部確定する
所得税等の金額に関する計算書

納税者（代表者）の氏名	

○ この付表１は、「国外転出をする場合の譲渡所得等の特例等に係る納税猶予期限の一部確定事由が生じた場合の適用資産等の明細書」と併せて提出してください。

所得税法第137条の＿＿＿第＿＿＿項[※1]の規定により、現在、納税が猶予されている所得税及び復興特別所得税の金額のうち、同条＿＿＿項[※2]の規定により、同項の事由が生じた日から４か月を経過する日をもって納税猶予期限の確定する所得税及び復興特別所得税の金額は、この計算書で計算した金額（「４　納税猶予期限の一部確定する所得税及び復興特別所得税の金額」の「⑦」欄の金額）のとおりです。

※　上記事由の生じた日によりそれぞれ一部確定する納税猶予期限が異なりますので、この計算書は、上記事由の生じた日ごとに作成してください。

１　納税猶予期限の一部確定事由が発生した年月日

平成・令和　　年　　月　　日

２　現在、納税が猶予されている所得税及び復興特別所得税の金額

特例を受けた年分における納税が猶予された所得税及び復興特別所得税の金額[注1]	①	円
①のうち、既に納税猶予期限の一部確定している所得税及び復興特別所得税の金額の合計額	②	円
現在、納税が猶予されている所得税及び復興特別所得税の金額（①－②）	③	明細書３(2)へ　円

（注１）　特例を受けた年分の所得税及び復興特別所得税について修正申告を行っている又は更正が行われている場合は、その申告又は更正後の金額になります。

３　引き続き納税が猶予される所得税及び復興特別所得税の金額

特例を受けた年分における所得税及び復興特別所得税の金額[注2]	④	円
適用資産等について所得税法第 60 条の２第１項から第３項まで及び同法第 60 条の３第１項から第３項までの規定の適用がないものとした場合の特例を受けた年分における所得税及び復興特別所得税の金額[注3]。この場合、今回一部確定事由が発生した適用資産等を含め、既に納税猶予期限の一部確定事由が発生している適用資産等については、譲渡又は決済があったものとして同年分における所得税及び復興特別所得税の金額を計算します。	⑤	円
引き続き納税が猶予される所得税及び復興特別所得税の金額（④－⑤） （④の金額＜⑤の金額 の場合には、０と書いてください。）	⑥	円

（注２）　特例を受けた年分の所得税及び復興特別所得税について修正申告を行っている又は更正が行われている場合は、その申告又は更正後の金額になります。
（注３）　この金額の計算に当たっては、「国外転出をする場合の譲渡所得等の特例等に係る納税猶予分の所得税及び復興特別所得税の額の計算書」を利用して計算してください。

４　納税猶予期限の一部確定する所得税及び復興特別所得税の金額

納税猶予期限の一部確定する所得税及び復興特別所得税の金額（③－⑥） （③の金額＜⑥の金額 の場合には、０と書いてください。） （100 円未満の端数がある場合には、その端数金額は切り捨ててください。）	⑦	明細書４(2)へ　円

（資６－104－２－Ａ４統一）R2. 11

■付表２　納税猶予期限の一部確定事由が発生した適用資産等の明細

付表２

（付表２提出　　枚のうちの　　枚目）

納税猶予期限の一部確定事由が
発生した適用資産等の明細

納税者（代表者）の氏名	

所得税法第137条の_____第_____項※1に規定する適用資産等（既に提出済みの「国外転出をする場合の譲渡所得等の特例等に係る納税猶予期限の一部確定事由が生じた場合の適用資産等の明細書」に記載した適用資産等は除きます。）のうち、同条第_____項※2に掲げる事由が生じた適用資産等の明細は、次のとおりです。

種類	銘柄等	数量	所在	譲渡等年月日	一部確定事由	価額等	取得費	備考
				. .		円	円	
				. .		円	円	
				. .		円	円	
				. .		円	円	
				. .		円	円	
				. .		円	円	
				. .		円	円	
				. .		円	円	
				. .		円	円	
				. .		円	円	
				. .		円	円	
				. .		円	円	
				. .		円	円	
				. .		円	円	
				. .		円	円	
				. .		円	円	
				. .		円	円	
				. .		円	円	
				. .		円	円	
				. .		円	円	

○　この付表２は、「国外転出をする場合の譲渡所得等の特例等に係る納税猶予期限の一部確定事由が生じた場合の適用資産等の明細書」と併せて提出してください。

（資６－104－３－Ａ４統一）R2.11

 継続適用届出書の提出

1 継続適用届出書の提出

納税猶予の期間中は、各年の12月31日において保有する国外転出（相続）時課税の対象となった資産について、継続して納税猶予の適用を受ける旨を記載した継続適用届出書を、翌年３月15日までに所轄の税務署に提出しなければなりません（所法137の３⑦）。

2 相続人が２人以上いるときの届出

継続適用届出書は相続人が２人以上いるときは、原則として全員が連署による一の書面で提出しなければなりません。ただし、他の相続人の氏名を付記して各別に提出することもできます。提出の義務は、対象資産を取得したかどうか、居住者または非居住者であるかによりません（所令266の３⑬）。

3 不提出の場合の納税猶予の打切り

継続適用届出書の提出が提出期限までにない場合は、上記③5のとおり、提出期限の翌日から４か月を経過する日をもって納税猶予が終了されます。

■国外転出をする場合の譲渡所得等の特例等に係る納税猶予の継続適用届出書

国外転出をする場合の譲渡所得等の特例等に係る納税猶予の継続適用届出書

税務署受付印

＿＿＿＿＿税務署長	納税者（代表者）	住所又は居所	〒　－　（TEL　－　－　）
		フリガナ 氏名	
令和＿＿年＿＿月＿＿日提出		納税地	〒　－　（TEL　－　－　）
	納税管理人	住所	〒　－　（TEL　－　－　）
		フリガナ 氏名	

所得税法第137条の＿＿第＿＿項※1の適用を受けていますが、令和＿＿年※2 12月31日現在において有し又は契約を締結している同項の適用資産等につき、引き続き納税の猶予を受けたいので、同条第＿＿項※3の規定により、その旨及び下記のとおり届出をします。

記

1　特例の適用を受けた年分の所得税及び復興特別所得税の（準）確定申告書に関する事項

平成・令和＿＿年分　＿＿＿＿税務署　平成・令和＿＿年＿＿月＿＿日提出　氏名＿＿＿＿＿＿

2　国外転出、贈与又は相続開始の日

平成・令和＿＿年＿＿月＿＿日　国外転出　・　贈与　・　相続開始

3　所得税法第137条の２第１項の適用を受けている場合の国外転出の時における国内の住所

住所＿＿＿＿＿＿＿＿＿＿＿＿＿＿＿＿

4　納税の猶予を受けている所得税及び復興特別所得税の額

令和＿＿年※2 12月31日現在　＿＿＿＿＿＿円

5　令和＿＿年※2 12月31日現在において有し又は契約を締結している適用資産等

付表「適用資産等の明細」のとおり

6　その他参考となる事項

関与税理士		電話番号	

この欄には書かないでください。→

税務署整理欄	通信日付印の年月日	(確認)	整理番号	(名簿番号)
	年　月　日			

（資６－103－１－Ａ４統一）R3.3

■付表　適用資産等の明細

付表

（付表「適用資産等の明細書」提出　　枚のうちの　　枚目）

適用資産等の明細

納税者（代表者）の氏名	

所得税法第137条の＿＿＿第＿＿＿項[※1]に規定する適用資産等のうち、令和＿＿＿年[※2]12月31日現在において有し又は契約を締結している適用資産等の明細については、次のとおりです。

種　類	銘柄等	数　量	所　在	価額等	備　考
				円	
				円	
				円	
				円	
				円	
				円	
				円	
				円	
				円	
				円	
				円	
				円	
				円	
				円	
				円	
				円	
				円	
				円	
				円	
				円	

（資６－103－２－Ａ４統一）R2.11

○　この付表は、「国外転出をする場合の譲渡所得等の特例等に係る納税猶予の継続適用届出書」と併せて提出してください。

■国外転出をする場合の譲渡所得等の特例等に係る納税猶予継続適用届出書付表（連署により提出する場合）

届出書名を記入 → 継続適用届出書

国外転出をする場合の譲渡所得等の特例等に係る納税猶予継続適用届出書付表
（２人以上の方が上記届出書等を連署により提出する場合）

届出書等に記載した代表者以外の納税者					
	⑴ 住所又は居所	〒　- (Tel.　-　-　)	〒　- (Tel.　-　-　)	〒　- (Tel.　-　-　)	〒　- (Tel.　-　-　)
	⑵ 氏名	フリガナ	フリガナ	フリガナ	フリガナ
	⑶ 納税地	〒　- (Tel.　-　-　)	〒　- (Tel.　-　-　)	〒　- (Tel.　-　-　)	〒　- (Tel.　-　-　)
	⑷ 納税管理人の住所	〒　- (Tel.　-　-　)	〒　- (Tel.　-　-　)	〒　- (Tel.　-　-　)	〒　- (Tel.　-　-　)
	⑸ 納税管理人の氏名	フリガナ	フリガナ	フリガナ	フリガナ
整理欄（記載しないでください。）		0	0	0	0

○ この付表は、届出書等と併せて提出してください。

一連番号

（資６－105－Ａ４統一）R3.3

⑤ 納税猶予を受けていた者が亡くなった場合

納税猶予期間中に納税猶予の適用を受けている個人が亡くなったときは、納税猶予をされていた所得税の納付義務は、その者の相続人が承継します（所法137の３⑮）。

納税猶予の期間については、亡くなった者の納税猶予の期間を引き継ぎます。

納税猶予を引き継いだ相続人のうちに非居住者がいる場合には、その非居住者は相続開始があったことを知った日の翌日から４か月以内に納税管理人の届出をする必要があります（既に納税管理人の届出をしている場合を除きます）（所令266の３⑰）。

ポイント

- 国外転出（相続）時課税に係る所得税は、５年間（延長をした場合は10年間）の納税猶予を受けることができる。
- 納税猶予の適用を受けるためには、被相続人の準確定申告の申告期限までに、明細書、納税管理人の届出書の提出と担保の提供手続等が必要。
- 納税猶予の期間中は、毎年、３月15日までに、継続届出書の提出が必要。

Ⅷ　納税猶予の担保の提供

国外転出（相続）時課税の納税猶予の適用には、被相続人の準確定申告の申告期限までに所得税額および猶予期間中の利子税額の合計額に相当する担保の提供をすることが必要です。

①　提供できる担保の種類

国外転出(相続)時課税の納税猶予の適用を受ける場合に担保として提供できる資産は次のとおりです(通則法50、所基通137の２－７、137の３－２)。

①　国債および地方債

②　社債その他の有価証券で税務署長等が確実と認めるもの

③　土地、建物等

④　鉄道財団等

⑤　税務署長等が確実と認める保証人の保証

⑥　金銭

担保提供の順位は、国税通則法基本通達50－８に「担保は、可能な限り処分が容易であって、かつ、価額の変動のおそれが少ないものから、提供を受けるものとする。」とありますが、物納財産の順位のような明確な規定はありません。ただ、下記⑤で述べる非上場株式は所得税基本通達により他の担保提供財産に劣後します。

②　上場株式の担保の提供

上場株式は担保として提供することができます（通基通50－１)。その場合は、「税務署が指定する証券会社等」における担保提供者名義の口座に、提供する上場株式を預け入れる必要があり、その口座がない場合は新たに開設をしなければなりません（国税庁「相続税・贈与税の延納の手引」（以下「手引」という）、通則令16②）。

なお、令和３年４月１日～令和４年３月31日の間の「税務署が指定する証券会社等」は、次の５社です。

・SMBC 日興証券株式会社
・大和証券株式会社
・野村證券株式会社
・みずほ証券株式会社
・三菱ＵＦＪモルガン・スタンレー証券株式会社

③ 法人による保証

法人が保証人になろうとする場合は、その法人が保証義務を果たすための資力が十分であると認められる必要がありますので、税務署へ決算書を提出し、資力の審査が行われます（通基通50－６、手引）。

なお、法人の保証は、その法人が、その納税者の国税を保証することが、その法人の定款に定める目的の範囲内に属するときに限られます。次に掲げる法人による保証は「定款に定めの範囲内に属するもの」として取り扱われます（通基通50－７）。

①　納税者と取引上密接な関係のある営利を目的とする法人
②　納税者が取締役または業務を執行する社員となっている営利を目的とする法人で、その保証につき株主総会または取締役会などの承認を受けた法人

④ 個人による保証

個人が保証人になる場合も、その個人が保証義務を果たすための資力

が十分であると認められる必要がありますので、税務署へ源泉徴収票、保有する土地・建物の登記事項証明書等を提出し、資力の審査が行われます（通基通50－６、手引）。

⑤ 非上場株式の担保の提供が認められる場合

国外転出（相続）時課税の対象となった非上場株式が、次の①または②のいずれかに該当するときは担保として認められます（所基通137の２－８、137の３－２）。

① 国外転出（相続）時課の対象となった財産のほとんどが非上場株式であり、かつ、その非上場株式以外に納税猶予の担保として適当な財産がないと認められること

② 非上場株式以外にも財産があるが、その財産が他の債務の担保となっており、納税猶予の担保として提供することが適当でないと認められること

なお、担保提供には株券が必要ですので、株券が発行されていない場合は、法人に発行を請求しなければなりません。また、譲渡制限株式の場合には、譲渡について取締役会の承認を受けるなど譲渡を可能としたことを証する議事録の写しが必要です（通則令16①、国税庁「国外転出時課税制度FAQ」）。

⑥ 追加担保・保証人の変更

税務署長は、担保提供財産の価額や保証人の資力の減少等によりその国税の納付を担保することができないと認めるときは、納税者に追加の担保提供や保証人の変更を命じることができます（通則法51）。

よって、例えば担保提供した上場株式の価額が下落し、猶予税額を下回るとき等は追加の担保提供が必要になります。

ポイント

- 国外転出（相続）時課税の対象となった非上場株式の担保提供は、他の担保財産がないときに限られる。

Ⅸ 納税猶予を受けていることが条件とされている減額措置等

国外転出（相続）時課税には、次の減額措置等がありますが、いずれも納税猶予の適用を受けることが条件となっています。

①【実際の譲渡価額等＜相続時の価額等】の場合の更正の請求

納税猶予期間中に国外転出（相続）時課税の適用を受けた資産（以下「適用資産」という）を実際に譲渡または決済等をした場合に、実際の譲渡価額等が、相続時の価額等よりも下落しているときは、実際の譲渡価額等により、国外転出（相続）時課税に係る所得税を再計算し、譲渡等の日から４月以内に更正の請求をすることができます（所法60の３⑧、153の２①②）。

②【納税猶予期間の満了日の価額等＜相続時の価額等】の場合の更正の請求

納税猶予期間の満了日（相続の日から５年または納税猶予の期限延長をしているときは10年を経過する日）における適用資産の価額等が、相続時の価額等より下落しているときは、満了日の価額等により国外転出（相続）時課税に係る所得税を再計算し、満了日から４月以内に更正の請求をすることができます（所法60の３⑪、153の２①③）。

③ 猶予期限を延長した場合の「帰国等した場合の課税取消し」の更正の請求の期限

国外転出（相続）時課税は、適用資産の取得者である非居住者が、相続の日から５年以内に帰国した場合等は課税が取り消されますが、納税猶予の期限延長をしているときは、課税の取消しになる帰国等の期限も、５年から10年に延長されます（所法60の３⑥⑦）。

☛ 第５章「Ⅵ　帰国等をした場合の課税の取消し」

ポイント

●納税猶予を受けることで適用される減額措置等がある。

X　実際に譲渡した場合の取得費の調整

国外転出（相続）時課税が適用された株式等を、取得者である相続人等がその後に、実際に譲渡をした場合には、その相続人等の所得の金額の計算上、国外転出（相続）時課税が適用された際の価額を取得費とみなして、譲渡による所得の金額の計算をします（所法60の３④）。

したがって、実際に譲渡をした場合は、国外転出（相続）時課税の課税日から実際の譲渡日までに発生した含み益に対して課税されることになるので、国外転出（相続）時課税と実際の譲渡による課税とで二重に課税されることはありません。

Q

次の場合の、国外転出（相続）時課税の所得金額と、実際の譲渡時の所得金額はいくらか？

【Q１】含み益がある場合

【前提】

・株式の取得価額　70

・相続時の株式の時価　100

・実際の譲渡価額　120

【A１】

国外転出（相続）時課税のみなし譲渡所得　100－70＝30（みなし譲渡益）

実際の譲渡時の譲渡所得　120－100＝20（実際の譲渡益）

【Q２】含み損がある場合

【前提】

・株式の取得価額　70

・相続時の株式の時価　50

・実際の譲渡の譲渡価額　40

【A２】

・国外転出(相続)時課税のみなし譲渡所得　50－70＝△20（みなし譲渡損失）

・実際の譲渡時の譲渡所得　40－50＝△10（実際の譲渡損失）

ポイント

●国外転出（相続）時課税の適用を受けた資産を実際に譲渡した場合は、国外転出（相続）時課税が適用された際の価額を取得費とみなして譲渡所得を計算する。

XI 個人住民税における国外転出時課税

個人住民税は、所得税とは違い、前年の所得に基づき課税されます。一般に「前年所得課税主義」といわれます。納税義務者は、1月1日に日本国内に住所を有する者です。そのため、年の途中で出国した者については、出国の翌年1月1日に日本国内に住所を有しないことから、出国した年中に生じた所得に対して個人住民税は課税されません。

また、死亡した者も翌年1月1日に住所を有しませんので、死亡した年中に生じた所得については、個人住民税は課税されません。よって、仮にその出国または死亡した年中に実現したキャピタルゲインがあったとしても、それらには個人住民税は課税させません。

この取扱いとの整合性から、未実現のキャピタルゲインに課税する国外転出時課税、国外転出（贈与）時課税、国外転出（相続）時課税も、個人住民税には適用しないこととされています（地法32②、313②、財務省「平成27年度 税制改正の解説」937頁）。

なお、国外転出（贈与）時課税の場合は、贈与者は贈与の翌年1月1日において日本国内に住所を有していることも想定されますが、その場合であっても個人住民税は課税されません。

ポイント

● 国外転出時課税は、個人住民税には適用されない。

XII 国外転出（相続）時課税に係る所得税の債務控除

被相続人の債務で相続開始の際に現に存するものを、相続人等が負担するときは、その負担した者の相続税の課税価格から、その負担する債務を差し引くことができます（債務控除）。

国外転出（相続）時課税は、被相続人に所得税が課税される制度ですので、その所得税額も債務控除の対象となります（相法14②）。

ただし、国外転出（相続）時課税について納税猶予の適用を受けた場合には、その納税猶予に係る所得税額は、将来的に免除される可能性があるので、債務控除の対象となりません（相令３②）。

将来、納税が猶予されていた所得税額を納付したときに、債務控除が可能となり、相続税の更正の請求をすることができます（相法32①九ハ、相令３②、８③）。

（注）　納税猶予の適用を受けていた者が死亡し、その納税猶予を引き継いだ相続人が、その猶予されていた税額を納付した場合も同様です（相法14③、32①九イロ）。

ポイント

- 国外転出（相続）時課税により納税した所得税額は、相続税の債務控除の対象となる。
- 納税猶予の適用を受けている所得税については債務控除することができない。将来、納付したときは、相続税の債務控除をする（相続税の更正の請求をする）ことができる。

XIII 外国人の国外転出（相続）時課税

外国人も、国外転出時課税の対象となります。よって、被相続人が日本に居住する外国人である場合に、その被相続人が第５章Ⅲ「① 対象者」に該当するときは、国外転出（相続）時課税が課税されます。

☛ 第５章Ⅲ「① 対象者」

ただし、要件である「相続の日前10年以内に、国内に住所または居所を有していた期間の合計が５年超であること」における国内の居住期間の判定は、在留資格により次のように行います。

① 別表第一の在留資格で滞在している外国人

出入国管理及び難民認定法別表第一の在留資格（いわゆる就労ビザ）で在留していた期間は、国内居住期間には含まれません。

よって、別表第一の在留資格で日本に滞在している外国人が、滞在中に死亡した場合には、その被相続人の日本における居住期間が５年を超えていても、国外転出（相続）時課税は適用されません。

② 別表第二の在留資格で滞在している外国人

平成27年６月30日までに別表第二の在留資格（永住者や、いわゆる配偶者ビザ等）で在留している期間がある場合には、その期間は国内居住期間に含まれません。

よって、被相続人が別表第二の在留資格で日本に滞在している外国人である場合は、平成27年７月１日以後の日本の居住期間により判定をします。

☛ 第２章Ⅰ①「1 在留資格とは」

☛ 第５章Ⅲ「④ 国内に住所または居所を有していた期間」

第6章

国際相続に伴う日本の所得税

I　国外財産に係る所得税

①　課税財産の範囲

1　居住者と非居住者の区分

日本の所得税法では、個人の納税義務者について次のように区分しています（所法２①三～五）。

①　居住者……国内に住所があり、または現在まで引き続いて１年以上居所を有する個人

②　非永住者……居住者のうち、日本の国籍を有しておらず、かつ、過

■納税義務者の区分と課税範囲

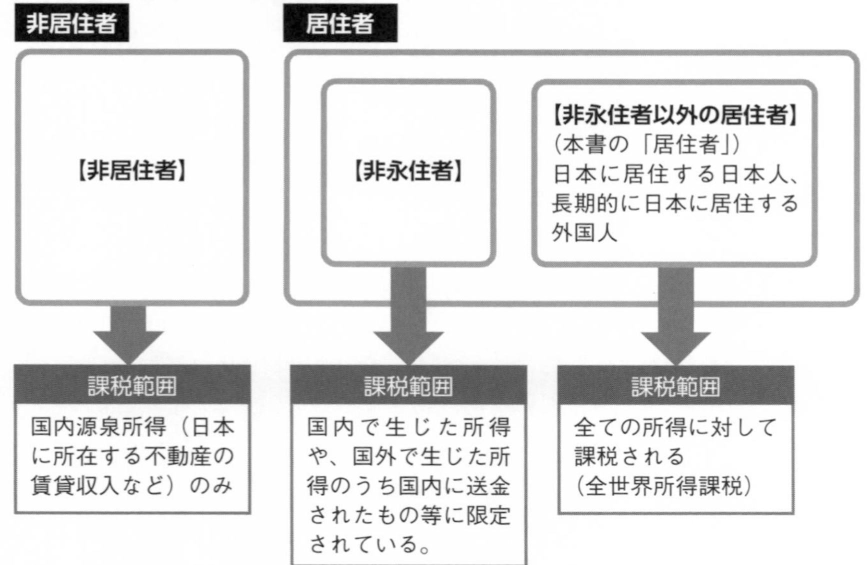

非居住者
居住者
【非居住者】
【非永住者】
【非永住者以外の居住者】
（本書の「居住者」）
日本に居住する日本人、
長期的に日本に居住する
外国人
課税範囲
国内源泉所得（日本に所在する不動産の賃貸収入など）のみ
課税範囲
国内で生じた所得や、国外で生じた所得のうち国内に送金されたもの等に限定されている。
課税範囲
全ての所得に対して課税される
（全世界所得課税）

去10年以内において国内に住所または居所を有していた期間の合計が５年以下である個人

③　非居住者……居住者以外の個人

※日本に居住する大部分の個人は、「非永住者以外の居住者」となります。以下、本書では、「非永住者以外の居住者」を「居住者」といいます。

2 日本の所得税法における課税所得の範囲

所得税法では、上記1の区分に応じて、次のように課税所得の範囲を定めています（所法７①一～三）。

①　居住者……所得が生じた場所が日本国の内外を問わず、そのすべての所得に対して課税

②　非永住者……非国外源泉所得（国外源泉所得※以外の所得です。国内源泉所得と似ていますが、必ずしも一致しません）および国外源泉所得で国内において支払われたもの、または、国外源泉所得で国外から国内へ送金されたもの

③　非居住者……所得税法に規定する国内源泉所得に限って課税

※国外源泉所得とは、国外にある事業所に帰属する所得や、国外に所在する資産の運用や譲渡により生じる所得、国外勤務に対する給与等をいいます（所法95①④）。

ポイント

- 居住者（本書の居住者。つまり、非永住者以外の居住者）は、全世界で生じた所得に対して課税される。
- 非居住者は所得税法に定める国内源泉所得に対して所得税が課される。

② 居住者が国外の不動産から賃貸収入を得た場合

1 居住者の所得税の課税範囲

居住者は、所得が生じた場所が日本国の内外を問わず、そのすべての所得に対して所得税が課税されますので、居住者が国外に所在する不動産から得た賃貸収入についても、国内にある不動産と同様に、所得税が課されます。

2 不動産所得の計算方法

国外にある不動産の不動産所得についても、国内にある不動産と同様の方法で不動産所得を計算します。

ただし、令和3年以後は、国外中古建物（その建物の償却費として必要経費に算入する金額を計算する際に耐用年数をいわゆる簡便法等により算定しているものをいう）の貸付けに係る損失の金額（国外中古建物以外の国外不動産等の貸付けに係る所得があるときは通算後）のうち、その国外中古建物の償却費の額に相当する金額は、生じなかったものとみなされます（措置法41の4の3）。

3 外貨建て取引の円換算

外貨建て取引を行った場合には、その円換算は、原則として、その取引を計上すべき日（以下「取引日」という）における対顧客直物電信売相場（TTS）と対顧客直物電信買相場（TTB）の仲値（TTM）により換算した金額により各種所得を計算します。

ただし継続適用を条件として、売上その他の収入や資産については取引日のTTB、仕入その他の経費や負債については取引日のTTSによることもできます。

また、不動産所得等の金額の計算においては、継続適用を条件として、その外貨建て取引の内容に応じてそれぞれ合理的と認められる次のような為替相場も使用することができます（所法57の３、所基通57の３－２）。

① 取引日の属する月もしくは週の前月もしくは前週の末日または当月もしくは当週の初日のTTBもしくはTTSまたはこれらの日における仲値

② 取引日の属する月の前月または前週の平均相場のように１月以内の一定期間におけるTTM、TTBまたはTTSの平均値

4 外国税額控除

不動産の賃貸収入につき、不動産の所在する国で、その年において外国所得税（外国の法令により課される所得税に相当する租税で、一定のものをいう）を納付することとなる場合には、その外国所得税額のうち一定額をその年分の所得税額から控除することができます（所法95①）。

☛ 第６章Ⅰ「⑤ 所得税の外国税額控除」

③ 居住者が国外の不動産を譲渡した場合

1 居住者の所得税の課税範囲

居住者は、所得が生じた場所が日本国の内外を問わず、そのすべての所得に対して所得税が課税されますので、居住者が国外に所在する不動産を譲渡した所得についても、国内にある不動産の譲渡と同様に、所得税が課されます。

2 譲渡所得の計算方法

国外に所在する不動産の譲渡所得についても、国内にある不動産の譲渡と同じく、譲渡収入から取得費および譲渡費用を差し引いて譲渡所得

を計算します（所法33③）。

3　3,000万円の特別控除の適用

居住用財産を譲渡した場合の3,000万円の特別控除（措法35）の特例の要件には、居住地や財産の所在地の要件はないため、海外の不動産を譲渡した場合でも適用することができます。

なお、外国に居住している間（＝日本にとっての非居住者であるときに）に外国の自宅を売却しても、その譲渡益には日本の所得税は課税されません。海外不動産の譲渡収入は国内源泉所得に該当しないため、非居住者は課税されないためです。

☛　第６章Ⅲ②「2　所得税法の非居住者の課税範囲」

よって、海外不動産の譲渡所得に対して、租税特別措置法35条の3,000万円の特別控除の特例を適用するケースは、「海外に自宅を所有し居住していた人が、帰国して居住者となり、自宅に居住しなくなってから３年を経過する日の属する年の12月31日までの間に海外の自宅を売却する場合」などが考えられます。

4　海外不動産に対して適用できない特例

次の特例は、国内にある居住用財産の譲渡に限り適用されますので、海外不動産については適用されません。よって海外居住用不動産にはこれらの特例を適用することはできません。

①　居住用不動産を譲渡した場合の軽減税率（措法31の３）
②　特定の居住用財産の買換えの特例（措法36の２）
③　居住用財産を買い換えた場合の譲渡損失の損益通算および繰越控除（措法41の５）

5　外国税額控除

不動産の売却収入につき、不動産の所在する国で、その年において外

国所得税（外国の法令により課される所得税に相当する租税で、一定のものをいう）を納付することとなる場合には、その外国所得税額のうち一定額をその年分の所得税額から控除することができます（所法95①）。

☛　第６章Ⅰ「⑤　所得税の外国税額控除」

④ 居住者が行う海外投資に対する所得税

居住者は、所得が生じた場所が日本国の内外を問わず、そのすべての所得に対して所得税が課税されますので、海外で運用している金融商品から生じる所得についても日本の所得税が課されます。

1 外国上場株式等と国内上場株式等の譲渡損益の通算

上場株式等の譲渡損失は、他の上場株式等の譲渡益と通算できます。この場合の上場株式等とは、外国の金融商品市場で上場されている株式等（以下「外国上場株式等」という）も含みますので、外国上場株式等と、国内で上場されている株式等の譲渡損益は通算を行うことができます（措法37の11、措令25の９②二）。

2 外国の証券会社の口座で上場株式等を譲渡して生じた損失

証券会社などの金融商品取引業者等を通じて上場株式等を譲渡したこと等により生じた損失がある場合は、所得税の確定申告により、その年分の上場株式等に係る配当所得の金額で申告分離課税を選択したものと損益通算することができます（措法37の12の２①）。

また、損益通算してもなお控除しきれない損失の金額については、翌年以後３年間にわたり、確定申告により上場株式等に係る譲渡所得の金額および上場株式等に係る配当所得の金額から繰越控除することができます（措法37の12の２⑤）。

この場合の「上場株式等を譲渡したこと等により生じた損失」は、日本国内の証券会社等の金融機関（内閣総理大臣の登録を受けた金融機関）を通じて売委託等をして発生した譲渡損失に限定されおり、外国の証券会社の口座で上場株式等を譲渡して生じた損失は、配当所得の金額と損益通算および繰越控除をすることはできません（措法37の12の2①②⑤）。

3 外国上場株式等の配当に対する課税

申告分離課税を選択した外国上場株式等の配当は、上記2の「上場株式等を譲渡したこと等により生じた損失」との損益通算が可能です（措法8の4）。

4 外国法人株式の配当の配当控除の不適用

外国法人からの配当は、総合課税を選択した場合でも配当控除の適用はできません（所法92）。

⑤ 所得税の外国税額控除

1 外国税額控除

居住者が、その年において外国所得税（外国の法令により課される所得税に相当する租税で、一定のものをいいます。以下「外国所得税」という）を納付することとなる場合には、次の金額を限度として、その外国所得税額をその年分の所得税額から控除することができます（所法95①、所令221、222）。

（控除限度額）

$$\text{その年分の日本の所得税額} \times \frac{\text{その年分の調整国外所得金額}^{※}}{\text{その年分の所得総額}}$$

※　調整国外所得金額とは、純損失または雑損失の繰越控除を適用しないで計算

した国外所得金額（国外にある資産の運用や譲渡により生ずる所得等）をいい、所得税法の規定により計算されます（所法95④、所令221の２）。

また、外国所得税額が所得税の控除限度額を超える場合には、その超える金額を復興特別所得税、道府県民税および市町村民税から順に控除することができます（復興財確法14、地法37の３他）。

2 適用時期

外国税額控除の適用する年は、原則として、外国所得税を納付することとなる日の属する年です。例外として、継続適用を条件として実際に納付した日の属する年分とすることもできます（所基通95－３）。

外国所得税を納付することとなる日とは、具体的にその納付すべき租税債務が確定した日をいいます。一般的には、次に掲げる日となります。

① 申告納税方式……納税申告書の提出日（その提出が法定申告期限前であるときは申告期限）

② 賦課課税方式……賦課決定の通知のあった日。ただし、納期が分割されている場合には、それぞれの納付すべき日

③ 源泉徴収方式……源泉徴収の対象となった利子配当等の支払いの日

3 繰越控除

外国税額控除が適用される「外国所得税の納付租税債務が確定した日の属する年」と、控除限度額（上記**1**）の計算上の「“その年分の調整国外所得金額”が計上される年」にはズレが生じます。

例えば、アメリカの所得税の課税期間は１月～12月で、申告期限（納付義務確定日）は翌年４月15日ですから、国外所得金額の計上年の翌年が、外国税額控除を適用する年となります。

このズレは、外国税額控除の繰越控除の制度を適用して解決することになります。外国税額控除の繰越控除とは、控除限度額を超えた外国所得税額（控除限度超過額）や、逆に、外国所得税額が控除限度額に満たない金額（控除余裕額）を、翌年以後３年間繰り越し、繰越した年の外

国税額控除の計算に使用することができる制度です（所法95②③）。地方税の控除限度額についても、同様の規定があります（地令７の19②④他）。

4 適用要件

外国税額控除の適用を受けるためには、確定申告書に明細書等の一定の書類の添付が必要です。当初申告の要件はないため、修正申告や更正の請求により適用することも可能です（所法95⑩）。

5 租税条約で軽減・減免される税額

租税条約により、所得税の軽減または免除が受けられる場合に、所定の手続を行わなかったことにより、その相手国等において軽減等される額を超えて課された外国所得税があったとしても、その超える外国所得税の額は外国税額控除の対象外となります（所令222の２④四）。

つまり、外国において受領する配当や、給与・報酬などから源泉徴収されるときや納税申告の際に、所定の手続（外国の金融機関や、配当の支払法人等に対する源泉徴収の減免の手続等）をせず、軽減等の額を超えて納税したときは、その超える部分の金額には外国税額控除を適用することができなくなります。

6 必要経費への算入との選択

① 外国税額控除との選択

外国所得税額は、必要経費に算入するか、外国税額控除の適用を受けるかを選択することができます（所法46）。その選択は、各年において確定した外国所得税額の全部について行わなければなりません（所基通46−１）。

② 必要経費にできる所得

外国所得税を必要経費に算入できる所得は、不動産所得、事業所得、山林所得、一時所得または雑所得に限られており、その他の所得（譲渡所得、配当所得など）については、必要経費という概念がないため、外国所得税額を経費へ算入することはできません。したがって、二重課税を回避する方法としては、外国税額控除の方法しかありません。

よって、例えば不動産所得に係る外国所得税額を必要経費へ算入することを選択したときは、外国税額控除の選択はでませんので、譲渡所得に係る外国所得税は、外国税額控除を適用することはできず、また、譲渡所得は経費算入ができないことから、経費に算入することもできません。

③　控除限度超過額と控除余裕額の切捨て

いったん経費算入を選択すると、繰り越した控除限度超過額と控除余裕額はすべて切り捨てられます（所令224②、225②）。

ポイント

- 外国税額控除の適用年（外国所得税の納付租税債務が確定した日の属する年）と控除限度額の「国外所得金額が計上される年」にはズレが生じる。外国税額控除の繰越控除を適用して、このズレを解消する。
- 外国で所定の手続を行わなかったことにより、租税条約により軽減等される額を超えて課された外国所得税があっても、その超える額には外国税額控除の適用ない。
- 外国税額控除は、修正申告や更正の請求から適用することも可能。
- 外国所得税額は、必要経費に算入するか、外国税額控除の適用を受けるかを選択することができる。その選択は、各年において確定した外国所得税の全部について行わなければならず、必要経費算入を選択する際は、外国税額控除の繰越控除限度額や繰越控除余裕額はすべて切り捨てられる。

■外国税額控除に関する明細書（居住者用）

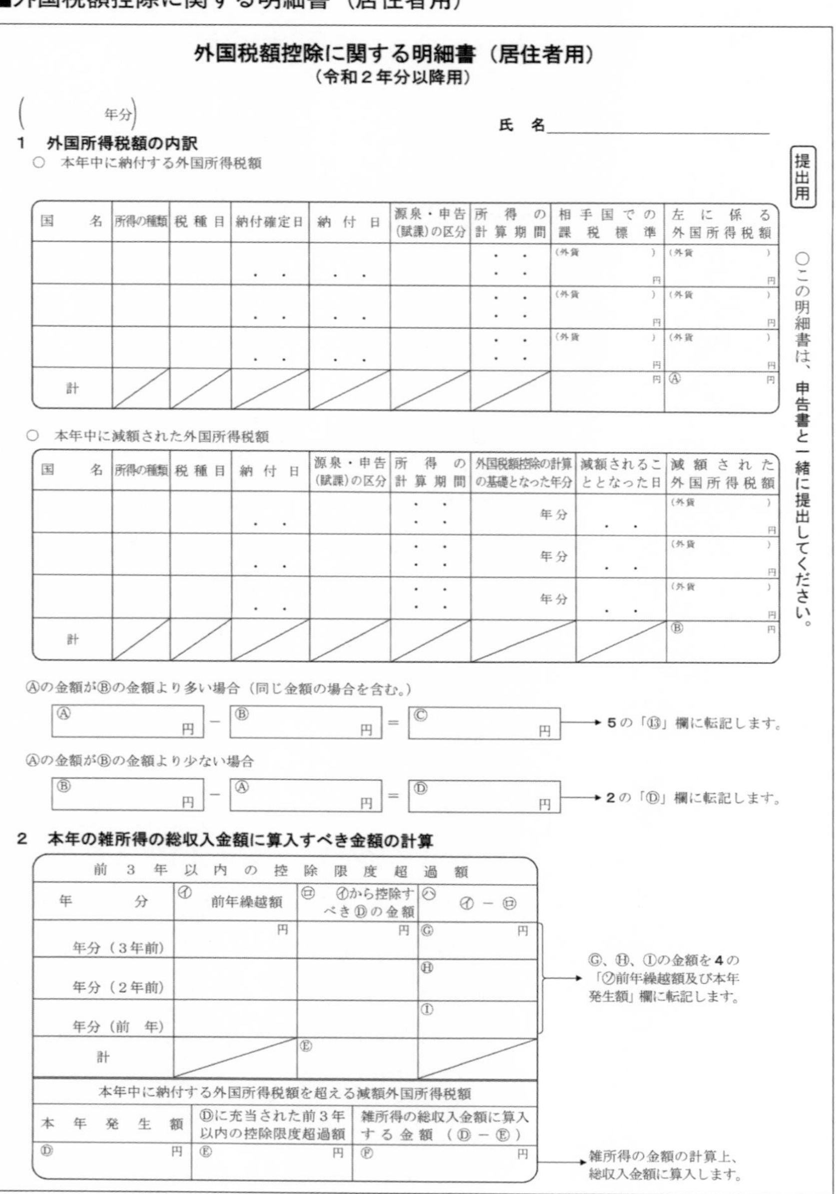

外国税額控除に関する明細書（居住者用）
（令和２年分以降用）

（　　　年分）

氏　名＿＿＿＿＿＿＿＿

提出用

○この明細書は、申告書と一緒に提出してください。

1　外国所得税額の内訳

○　本年中に納付する外国所得税額

国名	所得の種類	税種目	納付確定日	納付日	源泉・申告(賦課)の区分	所得の計算期間	相手国での課税標準	左に係る外国所得税額
			．．	．．		．． ．．	(外貨　) 円	(外貨　) 円
			．．	．．		．． ．．	(外貨　) 円	(外貨　) 円
			．．	．．		．． ．．	(外貨　) 円	(外貨　) 円
計							円	Ⓐ　円

○　本年中に減額された外国所得税額

国名	所得の種類	税種目	納付日	源泉・申告(賦課)の区分	所得の計算期間	外国税額控除の計算の基礎となった年分	減額されることとなった日	減額された外国所得税額
			．．		．． ．．	年分	．．	(外貨　) 円
			．．		．． ．．	年分	．．	(外貨　) 円
			．．		．． ．．	年分	．．	(外貨　) 円
計								Ⓑ　円

Ⓐの金額がⒷの金額より多い場合（同じ金額の場合を含む。）

Ⓐ　円 － Ⓑ　円 ＝ Ⓒ　円 → **5**の「⑬」欄に転記します。

Ⓐの金額がⒷの金額より少ない場合

Ⓑ　円 － Ⓐ　円 ＝ Ⓓ　円 → **2**の「Ⓓ」欄に転記します。

2　本年の雑所得の総収入金額に算入すべき金額の計算

前３年以内の控除限度超過額			
年分	㋑ 前年繰越額	㋺ ㋑から控除すべきⒹの金額	㋩ ㋑－㋺
年分（３年前）	円	円	Ⓖ　円
年分（２年前）			Ⓗ
年分（前　年）			Ⓘ
計		Ⓔ	

Ⓖ、Ⓗ、Ⓘの金額を**4**の「⑦前年繰越額及び本年発生額」欄に転記します。

本年中に納付する外国所得税額を超える減額外国所得税額		
本年発生額	Ⓓに充当された前３年以内の控除限度超過額	雑所得の総収入金額に算入する金額（Ⓓ－Ⓔ）
Ⓓ　円	Ⓔ　円	Ⓕ　円

→ 雑所得の金額の計算上、総収入金額に算入します。

3　所得税及び復興特別所得税の控除限度額の計算

所得税額	①	円	← 2の㋫の金額がある場合には、その金額を雑所得の総収入金額に算入して申告書により計算した税額を書きます（詳しくは、**控用**の**裏面**を読んでください。）。
復興特別所得税額	②		← 「①」欄の金額に2.1%の税率を乗じて計算した金額を書きます。
所得総額	③		← 2の㋫の金額がある場合には、その金額を雑所得の総収入金額に算入して計算した所得金額の合計額を書きます（詳しくは、**控用**の**裏面**を読んでください。）。
調整国外所得金額	④		← 2の㋫の金額がある場合には、その金額を含めて計算した調整国外所得金額の合計額を書きます。
所得税の控除限度額 $(① \times \frac{④}{③})$	⑤		→ 4の「㋥」欄及び5の「⑦」欄に転記します。
復興特別所得税の控除限度額 $(② \times \frac{④}{③})$	⑥		→ 4の「㋭」欄及び5の「⑧」欄に転記します。

4　外国所得税額の繰越控除余裕額又は繰越控除限度超過額の計算の明細

本年分の控除余裕額又は控除限度超過額の計算

控除限度額	所得税（3の⑤の金額）	㋥	円	控除余裕額	所得税（㋥－㋷）	㋦	円
控除限度額	復興特別所得税（3の⑥の金額）	㋭		控除余裕額	道府県民税（（㋬＋㋭＋㋬－㋷）と㋬のいずれか少ない方の金額）	㋸	
控除限度額	道府県民税（㋥×12%又は6%）	㋬		控除余裕額	市町村民税（（㋠－㋷）と㋣のいずれか少ない方の金額）	㋾	
控除限度額	市町村民税（㋥×18%又は24%）	㋣		控除余裕額	計（㋦＋㋸＋㋾）	㋻	
控除限度額	計（㋥＋㋭＋㋬＋㋣）	㋠					
	外国所得税額（1のⒸの金額）	㋷			控除限度超過額（㋷－㋠）	㋕	

前3年以内の控除余裕額又は控除限度超過額の明細等

年分	区分	控除余裕額 ㋵前年繰越額及び本年発生額	控除余裕額 ㋟本年使用額	控除余裕額 ㋹翌年繰越額（㋵－㋟）	控除限度超過額 ㋞前年繰越額及び本年発生額	控除限度超過額 ㋡本年使用額	控除限度超過額 ㋧翌年繰越額（㋞－㋡）	所得税の控除限度額等
年分（3年前）	所得税	円	円		Ⓖ 円	円		円 （翌年1月1日時点の住所） □指定都市 □一般市
	道府県民税							
	市町村民税							
	地方税計							
年分（2年前）	所得税			円	Ⓗ		円	円 （翌年1月1日時点の住所） □指定都市 □一般市
	道府県民税							
	市町村民税							
	地方税計							
年分（前年）	所得税				Ⓘ			円 （翌年1月1日時点の住所） □指定都市 □一般市
	道府県民税							
	市町村民税							
	地方税計							
合計	所得税		Ⓙ			Ⓜ		
	道府県民税							
	市町村民税							
	計		Ⓚ					
本年分	所得税	㋦	Ⓛ		㋕	Ⓚ		
	道府県民税	㋸						
	市町村民税	㋾						
	計	㋻	Ⓜ					

5　外国税額控除額等の計算

所得税の控除限度額（3の⑤の金額）	⑦	円	所法第95条第1項による控除税額（⑪と⑬とのいずれか少ない方の金額）	⑭	円
復興特別所得税の控除限度額（3の⑥の金額）	⑧		復興財確法第14条第1項による控除税額（⑪が⑬より小さい場合に(⑬－⑪)と⑫とのいずれか少ない方の金額）	⑮	
分配時調整外国税相当額控除後の所得税額(※)	⑨	「分配時調整外国税相当額控除に関する明細書」の3の[illegible]の金額	所法第95条第2項による控除税額（4のⒿの金額）	⑯	
分配時調整外国税相当額控除後の復興特別所得税額(※)	⑩	「分配時調整外国税相当額控除に関する明細書」の3の[illegible]の金額	所法第95条第3項による控除税額（4のⓁの金額）	⑰	
所得税の控除可能額（⑦の金額又は⑦と⑨とのいずれか少ない方の金額）	⑪		外国税額控除の金額（⑭＋⑮＋（⑯又は⑰））	⑱	
復興特別所得税の控除可能額（⑧の金額又は⑧と⑩とのいずれか少ない方の金額）	⑫		分配時調整外国税相当額控除可能額(※)	⑲	「分配時調整外国税相当額控除に関する明細書」の3の[illegible]の金額
外国所得税額（1のⒸの金額）	⑬		外国税額控除等の金額（⑱＋⑲）	⑳	

(※)分配時調整外国税相当額控除の適用がない方は記載する必要はありません。

申告書第一表「税金の計算」欄の**「外国税額控除等」**欄（申告書Aは㊶～㊷欄、申告書Bは㊻～㊼欄）に転記します。同欄の「区分」の□の記入については、**控用**の**裏面**を読んでください。

Ⅱ　非永住者に対する所得税

①　非永住者の課税範囲

1　非永住者とは

非永住者とは、居住者（国内に住所があり、または１年以上居所がある個人）のうち、日本の国籍を持たず、かつ、過去10年以内において国内に住所または居所があった期間の合計が５年以下である個人をいいます（所法２①三、四)。

つまり、日本に居住する外国人で、来日して５年以内である人や、過去10年のうち、日本に居住する期間の合計が半分以下の人が該当します。

2　非永住者の所得税に係る確定申告の添付書類

その年において非永住者であった期間を有する者は、確定申告書を提出する場合には、その者の国籍や国内に住所を有していた期間等を記載した「居住形態等に関する確認書」を添付する必要があります（所法120⑦、所規47の４)。

■居住形態等に関する確認書

居住形態等に関する確認書

Confirmation of the Type of Resident Status etc.

一面

（令和２年分）

氏　名 Name (Last, First, Middle)	
住所又は居所 Domicile or residence	
電話番号 Telephone number	
国　籍 Nationality	
在留カード番号等 Residence Card number or Alien Registration number	

居住形態等（Type of Resident Status）

1　下記事項を記入してください。(Please fill out the following items.)

(1)　当初の入国年月日（Date of original entry into Japan）　（Year）年　（Month）月　（Day）日

(2)　在留資格（Visa status in Japan）

(3)　在留期間（Permitted period of stay in Japan）

2　令和２年中に出国しましたか。(Did you leave Japan anytime during 2020?)　□（Yes）はい　□（No）いいえ

3　２の答えが「はい」の人は下の欄に記入してください。

(If your answer to 2 is “Yes” , please fill out the following items.)

(1)　出国の期間（Period of absence from Japan）
月　日～　月　日
月　日～　月　日
月　日～　月　日

(2)　出国の目的（Purpose of absence from Japan）

4　令和２年中の居住形態による期間区分（Period of each type of resident status during 2020）

(1)　非居住者期間（Period of Non-resident Taxpayer）　月　日～　月　日

(2)　非永住者期間（Period of Non-permanent Resident Taxpayer）　月　日～　月　日

(3)　永住者期間（Period of Permanent Resident Taxpayer）　月　日～　月　日

5　(1)　４(2)の非永住者期間があるときは、その期間中に国外に源泉のある所得はありますか。
(If you were a Non-permanent Resident Taxpayer during any period of 2020, did you receive any foreign source income during that period?)　□（Yes）はい　□（No）いいえ

(2)　(1)の答えが「はい」の人は下の欄に記入してください。

(If your answer to (1) is “Yes” , please fill out the following items.)

①　国外に源泉のある所得の金額（Amount of foreign source income）　円

②　①のうち国内で支払われた金額（Amount paid in Japan out of ①）　円

③　①のうち国外から送金された金額（Amount remitted to Japan out of ①）　円

住所又は居所を有していた期間の確認表

Confirmation Table of the Period of Resident Status

二面

○　平成22年１月１日から令和元年12月31日までにおいて国内に住所又は居所を有していた期間を記入してください。

Please fill out the periods during which you have maintained domicile or residence in Japan within the preceding 10 years（2010～2019）.

住所又は居所を有していた期間 （Periods during which you have maintained domicile or residence in Japan）	年数・月数・日数 （The number of years, months and days）
(Year) 年　(Month) 月　(Day) 日　～　(Year) 年　(Month) 月　(Day) 日	年　月　日
年　月　日　～　年　月　日	年　月　日
年　月　日　～　年　月　日	年　月　日
年　月　日　～　年　月　日	年　月　日
年　月　日　～　年　月　日	年　月　日
年　月　日　～　年　月　日	年　月　日
年　月　日　～　年　月　日	年　月　日
年　月　日　～　年　月　日	年　月　日
年　月　日　～　年　月　日	年　月　日
年　月　日　～　年　月　日	年　月　日
住所又は居所を有していた期間の合計（Total） （注）年数、月数及び日数をそれぞれ合計し、30日を１月、12月を１年として計算します。 Please add the above number of years, months, days respectively. If the total number of days is over 30, 30 days is calculated as 1 month. If the total number of months is over 12, 12 months is calculated as 1 year.	年　月　日

○　令和２年において国内に住所又は居所を有していた期間を記入してください。

Please fill out the periods during which you have maintained domicile or residence in Japan during 2020.

住所又は居所を有していた期間 （Periods during which you have maintained domicile or residence in Japan）	年数・月数・日数 （The number of years, months and days）
(Month) 月　(Day) 日　～　(Month) 月　(Day) 日	年　月　日
月　日　～　月　日	年　月　日
月　日　～　月　日	年　月　日
住所又は居所を有していた期間の合計（Total） （注）年数、月数及び日数をそれぞれ合計し、30日を１月、12月を１年として計算します。 Please add the above number of years, months, days respectively. If the total number of days is over 30, 30 days is calculated as 1 month. If the total number of months is over 12, 12 months is calculated as 1 year.	年　月　日

（令和２年分）

3 非永住者の課税所得の範囲

非永住者の所得税の課税範囲は次のとおりです（所法7①二）。

① 非国外源泉所得（国外源泉所得※以外の所得です。国内源泉所得と似ていますが、必ずしも一致しません）

② 国外源泉所得で国内において支払われたもの

③ 国外源泉所得で国外から国内へ送金されたもの

※ 「国外源泉所得」とは、国外にある事業所に帰属する所得や、国外に所在する資産の運用や譲渡により生じる所得、国外勤務に対する給与などをいいます（所法95①④）。

4 「国外源泉所得で国外から送金されたもの」の範囲

① みなし規定

上記3③に対する課税は、一般に「送金課税」と呼ばれます。送金の範囲は、所得税法施行令17条4項1号本文において「非永住者が各年において国外から送金を受領した場合には、“その金額の範囲内”でその非永住者のその年における国外源泉所得で国外払いに係るものについて送金があったものとみなす」としています。したがって、過去の国外源泉所得に係る貯蓄を送金した場合でも、その年において国外源泉所得が発生していれば送金課税の対象になります。

なお、同号のただし書では、「その年における非国外源泉所得で国外払いに係るものがあるときは、送金のうち、まずその非国外源泉所得について送金があったものとみなし、残余の金額の範囲内で国外源泉所得について送金があったものとみなす」としています。

これは、非国外源泉所得は、上記3①のとおり国外の支払いに係るものか否かにかかわらず、課税対象になるため、二重課税にならないように「その年における非国外源泉所得で国外払いに係るもの」を上記のみなし規定から外し、3③の送金課税の対象額とならないようにしているということです（所令17④）。

②　クレジットカードの利用

所得税基本通達７－６⑵では送金の範囲について、「国内において借入れをし、または立替払を受け、国外にある自己の預金等によりその債務を弁済することとするなどの行為で、通常の送金に代えて行われたと認められるものも含まれる」としています。

よって、例えば、非永住者が国内でクレジットカードを利用した場合も送金に含まれ、送金課税の対象となります（所令17④、所基通７－２、７－３）。

設例　課税対象額の計算例

次の場合の非永住者Ａの2021年の課税所得金額はいくらか。
《前提》
〈非永住者Ｘの2021年の所得の内訳〉
・国外からの送金の受領額：500万円
・国内勤務に対する報酬で、国外で支払われた金額：300万円（非国外源泉所得の国外払い）
・国外にある不動産の貸付けに係る所得で、国外で支払われた金額：600万円（国外源泉所得の国外払い）

解答

非永住者Ｘの2021年の課税所得

①　非国外源泉所得

国内勤務の報酬300万円（給与所得）

②　国外源泉所得（送金課税、不動産所得）

イ　国外からの送金

500万円－非国外源泉所得の国外払い300万円＝200万円

ロ　国外源泉所得の国外払い

600万円

ハ　イとロの少ない方

200万円＜600万円　∴200万

③　合計（非永住者Ｘの2021年分の課税所得）

上記①の給与所得300万円＋②の不動産所得200万円＝500万円

ポイント

- 過去の国外源泉所得に係る貯蓄を送金した場合でも、送金課税の対象になる。
- 国内においてクレジットカードを利用した場合も、送金課税の対象となる。

②　送金課税～所得の発生年と送金年がズレた場合

送金が行われた年に国外源泉所得が発生している場合には送金課税が適用されますが、国外源泉所得の発生した翌年に送金が行われた場合、例えば国外に所在する不動産を譲渡した翌年に送金を行ったような場合には、送金課税が適用されるのか、という疑問があります。

このように源泉所得の発生年と送金年が異なる場合には、その送金が国外源泉所得を資金源とする送金であっても、送金課税は行われないという課税の整理になると考えます。

なぜなら、所得税は各年に、その年分に収入することが確定した所得につき、課税することを予定しています。それは、居住者の一部である非永住者であっても同じであり、非永住者については優遇的に課税所得の範囲を限定しています。

仮に、前年の所得まで課税の対象となるということにすると、その年における所得の有無を考慮しないということにもなって、所得税法の原則からも外れてしまい、また、居住者よりも課税所得の範囲が拡大して厳しくなる場合も容易に生じることになり、非永住者課税の趣旨にも反することになります。また、所得税法施行令17条４項の「みなし規定」の本文もただし書でも、「みなし」の基礎となる送金額自体が、その年における所得があることを前提にしています。

よって、国外払いの国外源泉所得について、その年の課税所得の範囲に含まれるものは、あくまでその年に所得として確定したもので、かつ、送金された（みなしも含む）ものと考えます。

ポイント

● 国外所得の発生年と送金年がズレた場合は、送金課税はされないと考える。

③ 非永住者の送金課税～裁決事例

非永住者の送金課税について、「国外へ返金した金額を送金課税から除外することは認められない」とした裁決事例をご紹介します（国税不服審判所平成20年８月４日裁決）。

1 事例の概要

非永住者Ａの平成15年分、16年分の所得税について税務署は、Ａの各年中の国外からの送金の受領額につき送金課税が漏れているとして更正処分等を行いました。

これに対し、Ａは次のように主張しました。

主張１　その年中に国外の銀行口座に返金している金額を「国外から送金を受けた金額」から控除すべきである。

主張２　仮に控除が認められない場合には、翌年において、再度その返金額を国外から送金したときに、翌年において送金課税が適用され二重課税となることから、返金をした年における返金額は送金課税の対象にはならない。

2 審判所の判断

審判所は次のように判断し、Aの主張を退けました。

❶ 主張1について

① 所得税法施行令17条4項1号（みなし規定）は、課税所得の範囲の計算を容易にするために、国外からの送金の原資の実態いかんにかかわらず規定をしていることからすると、「国外源泉所得」と「送金の資金源を形成する所得」の種類の同一性、または国外源泉所得の発生時期と送金時期の年分の同一性は要求されていないと解される。

② 所得税法が国外から送金されたことを、非永住者の国外源泉所得を課税所得とするための要件としているのは、送金を課税権を行使する契機としたものというべきである。所得税法が「送金」の内容に特段の限定を付していないことにも照らせば、いったん国外払の所得が国外から国内に送金される事実がありさえすれば、特段の限定なく所得税法7条1項2号に規定する送金があったということができるというべきである。非永住者であっても、国外源泉所得自体を課税所得とする点では、非永住者以外の居住者と変わりはないのであって、同一年中に送金額を返金した場合は、これを送金額から控除できると解すべき理由はない。

❷ 主張2について

国外からの送金額を返金し、再度、その翌年に当該返金額を送金したとしてその翌年の送金課税の対象となることは、その年とその翌年の各年分の国外源泉所得に課税したものであって、同一の所得に二重に課税したものではない。

3 相続や贈与により取得した資金を送金した場合

なお、本裁決では送金について、上記①のとおり「国外源泉所得と送金の資金源の同一性は要求されていない」と述べていますが、そのなかで、「所得税法第７条第１項第２号が課税所得の範囲として規定していないことが明らかな相続や贈与により取得した資金などを原資とする送金を受領した場合に、これを課税所得の範囲とすることを認めた規定とまでは解されない」と述べています。

これは、所得税法施行令17条４項のみなし規定は、所得税法７条１項２号の規定の枠の中で委任を受けて定められており、同号が、そもそも「国外源泉所得で」としているので、相続等で得た資金は、所得税の国外源泉所得でないことは明らかなことから「相続や贈与により取得した資金などを原資とする送金を受領した場合」は、所得税法施行令17条４項の規定は適用されず、送金課税の対象とはならないということです。

資金がそれに当たるかどうかは、具体的な事実関係に基づく認定の問題になります。

ポイント

- 送金を返金しても、送金課税は取り消せない。
- 相続や贈与により取得した資金を送金した場合まで、送金課税の対象にする制度ではない、という見解を裁判所は示した。

Ⅲ 非居住者に対する所得税

① 納税管理人の届出書および所得税の申告期限

1 納税管理人の選定および届出書

日本に住所および居所を有しない個人は、日本に住所または居所を有する者のうちから納税管理人を定め、税務署に「納税管理人の届出書」を提出しなければなりません。納税管理人の届出や、事務範囲については、第２章Ⅵ「① 相続人が海外に居住しているとき『納税管理人』」と同様です。

☛ 第２章Ⅵ「① 相続人が海外に居住しているときの『納税管理人』」

納税管理人の届出書の用紙は、相続税、贈与税、所得税および消費税と税目により異なります

2 出国をする場合の所得税の申告期限

所得税の申告期限は、原則３月15日ですが、出国する場合は、次の取扱いになります。

① 出国時までに納税管理人の届出書を提出した場合

出国時までに納税管理人の届出書を提出した場合は、原則とおりの申告期限となります。出国日の翌年２月16日から３月15日までの間です(所法120)。

② 納税管理人の届出書を提出せずに出国する場合

イ 年の中途で出国する場合

納税管理人の届出書の提出をしないで出国をするときは、その年の１月１日から出国の時までの間（居住者期間）に生じた所得については、

■所得税・消費税の納税管理人の届出書

税務署受付印

1	0	7	0

所得税・消費税の納税管理人の届出書

＿＿＿＿＿＿＿＿税務署長

＿＿年＿＿月＿＿日提出

納税地	住所地・居所地・事業所等（該当するものを○で囲んでください。） （〒　　－　　） （TEL　　－　　－　　）		
上記以外の住所地・事業所等	納税地以外に住所地・事業所等がある場合は記載します。 （〒　　－　　） （TEL　　－　　－　　）		
フリガナ		生年月日	大正 昭和 平成 令和　　年　　月　　日生
氏名	印		
個人番号			
職業		フリガナ 屋号	

所得税・消費税の納税管理人として、次の者を定めたので届けます。

1　納税管理人

〒

住　所
（居　所）＿＿＿＿＿＿＿＿＿＿＿＿＿＿＿＿

フリガナ

氏　名＿＿＿＿＿＿＿＿＿＿＿＿印　　本人との続柄（関係）＿＿＿＿＿＿

職　業＿＿＿＿＿＿＿＿＿＿＿＿　　電話番号＿＿＿＿＿＿＿＿

2　法の施行地外における住所又は居所となるべき場所

＿＿＿＿＿＿＿＿＿＿＿＿＿＿＿＿＿＿＿＿

3　納税管理人を定めた理由

4　その他参考事項

⑴　出国（予定）年月日　平成
令和＿＿年＿＿月＿＿日　　帰国予定年月日　平成
令和＿＿年＿＿月＿＿日

⑵　国内で生じる所得内容（該当する所得を○で囲むか、又はその内容を記載します。）

事業所得　不動産所得　給与所得　譲渡所得

上記以外の所得がある場合又は所得の種類が不明な場合（　　　　　　　　）

⑶　その他

関与税理士
（TEL　　－　　－　　）

税務署整理欄	整理番号	関係部門連絡	A	B	C	番号確認	身元確認
	0						□ 済 □ 未済
				確認書類 個人番号カード／通知カード・運転免許証 その他（　　　　）			

■所得税・消費税の納税管理人の解任届出書

税務署受付印

1080

所得税・消費税の納税管理人の解任届出書

＿＿＿＿＿＿税務署長

＿＿年＿＿月＿＿日提出

納税地	住所地・居所地・事業所等（該当するものを○で囲んでください。） （〒　　－　　） （TEL　－　－　）			
上記以外の住所地・事業所等	納税地以外に住所地・事業所等がある場合は記載します。 （〒　　－　　） （TEL　－　－　）			
フリガナ		生年月日	大正 昭和 平成 令和　年　月　日生	
氏名	㊞			
個人番号				
職業		フリガナ 屋号		

昭和
平成　　年　　月　　日に届け出た納税管理人を解任したので届けます。
令和

1　解任した納税管理人

〒
住　所
（居　所）＿＿＿＿＿＿＿＿＿＿＿＿＿＿＿＿
ﾌﾘｶﾞﾅ
氏　名＿＿＿＿＿＿＿＿＿＿

2　納税者の納税地

現在の納税地＿＿＿＿＿＿＿＿＿＿＿＿＿＿＿＿
選任していたときの納税地＿＿＿＿＿＿＿＿＿＿＿＿＿＿＿＿

3　納税管理人を解任した理由

4　その他参考事項

関与税理士
（TEL　－　－　）

税務署整理欄	整理番号	関係部門連絡	A	B	C	番号確認	身元確認
	0						□ 済 □ 未済
				確認書類 個人番号カード／通知カード・運転免許証 その他（　　）			

出国の時が申告期限・納期限となります（所法２①四十二、127①、130）。

ロ　1/1から3/15までの間に出国する場合

確定申告をしなければならない納税者が、その年（x１年）の翌年（x２年）１月１日から３月15日までの間に、納税管理人の届出書を提出しないで出国する場合は、出国の時が（x１年所得の）申告期限・納期限となります（所法126①、130）。

② 非居住者の所得税の課税範囲

1 非居住者とは

所得税法上、「非居住者」とは、居住者以外の個人をいいますので、国内に住所がなく、現在まで継続して１年以上居所もない個人が非居住者に当たります（所法２①三、五）。

2 所得税法の非居住者の課税範囲

非居住者は国内源泉所得を有するときに納税義務を負います（所法５②一）。国内源泉所得とは、次の❶と❷に掲げる所得等で、確定申告が必要な所得と、源泉分離課税の所得に分かれます（所法161、164）。

❶　確定申告が必要な所得

①　恒久的施設に帰属する所得

②　国内にある不動産の貸付けによる対価

③　国内にある土地、建物等の譲渡による対価

④　株式等の譲渡所得で一定のもの

⑤　その他国内にある資産の運用・保有・譲渡による所得　等

❷　源泉分離課税（源泉徴収で課税が完結する）の所得

①　日本国の国債・地方債・内国法人の社債の利子、内国法人からの配

当
② 国内勤務に対する給与。なお、内国法人の役員については国外勤務に対応する役員報酬も国内源泉所得に含みます。
③ 国内にある営業所で締結した保険契約に基づき受ける年金　等

ただし、租税条約により非居住者への課税が制限される場合がありますので、まず租税条約の確認が必要です。

☛ 第6章Ⅲ③「2 非居住者に対する課税の取扱いの確認の手順」
☛ 第6章Ⅲ「⑧ 租税条約」

3 確定申告

確定申告が必要所得は、所得税法では総合課税とされますが、一定のもの（例えば、土地や建物の譲渡所得）は租税特別措置法により申告分離課税や源泉分離課税に変更されます。

確定申告で非居住者が適用できる所得控除は、雑損控除、寄附金控除、基礎控除の3つだけです。

収入金額から所得税が源泉徴収されている場合は、確定申告により精算（所得税額より差し引き、差額を納付または還付）を行います（所法164①、165）。

4 源泉分離課税

源泉分離課税とされている所得は、源泉徴収により納税義務が完結します。確定申告はできないので、仮に、総合課税となる国内の建物の貸付け等で生じた赤字があっても、それと損益通算することはできません（所法164②、169）。

ポイント

- 非居住者は国内源泉所得に対して所得税が課され、その所得は、確定申告が必要な所得と、源泉分離課税で課税関係が完結する所得に分かれる。
- ただし、非居住者に対する課税は、租税条約により日本の課税が制限されることがあるので、租税条約の確認が必要。

③ 非居住者に対する課税方法

1 所得税法における非居住者に対する課税方法の概要

■非居住者に対する課税関係の概要

非居住者の区分 ＼ 所得の種類	恒久的施設を有する者		恒久的施設を有しない者	所得税の源泉徴収
	恒久的施設帰属所得	その他の所得		
① 事業所得	【総合課税】	【課税対象外】		無
② 資産の運用・保有により生ずる所得（⑧から⑯に該当するものを除く。）		【総合課税（一部）】		無
③ 資産の譲渡により生ずる所得				無
④ 組合契約事業利益の配分	【源泉徴収の上、総合課税】	【課税対象外】		20.42%
⑤ 土地等の譲渡による所得		【源泉徴収の上、総合課税】		10.21%
⑥ 人的役務提供事業の所得				20.42%
⑦ 不動産の賃貸料等				20.42%
⑧ 利子等		【源泉分離課税】		15.315%
⑨ 配当等				20.42%
⑩ 貸付金利子				20.42%
⑪ 使用料等				20.42%
⑫ 給与その他人的役務の提供に対する報酬、公的年金等、退職手当等				20.42%
⑬ 事業の広告宣伝のための賞金				20.42%
⑭ 生命保険契約に基づく年金等				20.42%
⑮ 定期積金の給付補填金等				15.315%
⑯ 匿名組合契約等に基づく利益の分配				20.42%
⑰ その他の国内源泉所得	【総合課税】	【総合課税】		無

＊所基通164－1を基に作成

2 非居住者に対する課税の取扱いの確認の手順

非居住者に対する所得税の課税の取扱いは、次の手順で考えます。

① 租税条約により日本の課税権が制限されていないのか（課税できる

のか）を確認します。 ☛ 第６章Ⅲ「⑧　租税条約」

② 日本で課税できる場合は、その所得が、国内源泉所得に当たるのかを確認します。上表のうち①から⑰の所得が国内源泉所得に当たり所得税が課税されます。

③ 国内源泉所得に当たる場合は、課税方法を確認します。上記表のうち、「総合課税」と記載している所得については、確定申告を行う必要があります。上表のうち⑧～⑯の所得については源泉徴収のみで課税関係が終了しますので、確定申告をすることはできません。

④ 確定申告が必要な国内源泉所得は、その所得を不動産所得や事業所得等に分類し、それぞれの方法により計算します。

一定の所得（土地や建物や株式等の譲渡所得　等）については、租税特別措置法により申告分離や源泉分離に変更されます。

■非居住者に対する課税のイメージ図

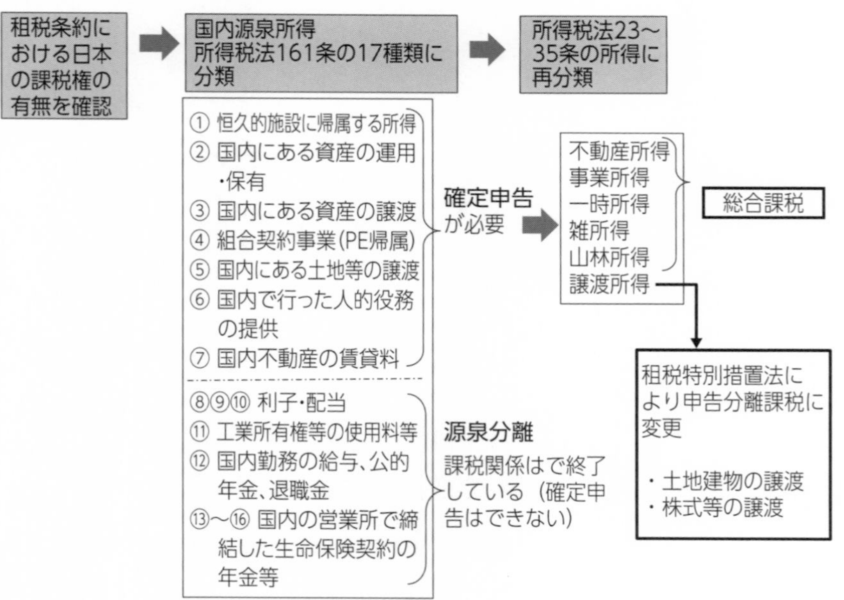

④ 所得税法における「住所」の判定

1 所得税法の住所

所得税法でも、相続税法と同様に、「住所」についての定義がないため、一般に民法の定義を借用して理解されています。民法は、「各人の生活の本拠をその者の住所とする」とし、「住所が知れない場合には、居所を住所とみなす」としています（民法22、23①）。居所とは、一般に、多少の期間継続して居住しているものの住所ほどその場所との結びつきが密接ではない場所をいいます。

これを受けて、所得税基本通達では、「住所」とは各人の生活の本拠をいい、生活の本拠であるかどうかは客観的事実によって判定する、としています（所基通２−１）。客観的事実とは、住居、職業、資産の所在、親族の居住状況、国籍等の事実をいいます。

2 所得税法における「住所の推定」

所得税法では、相続税法と異なり、住所の推定規定があります。

☛　第２章Ⅰ「②　相続税法における『住所』の判定」

① 国内に住所を有する者と推定する場合

国内に居住することとなった個人が次のいずれかに該当する場合には、その者は、国内に住所を有する者と推定されます（所令14）。

①　その者が国内において、継続して１年以上居住することを通常必要とする職業を有すること

②　その者が日本の国籍を有し、かつ、その者が国内において生計を一にする配偶者その他の親族を有すること、その他国内におけるその者の職業および資産の有無等の状況に照らし、その者が国内において継続して１年以上居住するものと推測するに足りる事実があること

②　国内に住所を有しない者と推定する場合

国外に居住することとなった個人が次のいずれかに該当する場合には、その者は、国内に住所を有しない者と推定されます（所令15）。

①　その者が国外において、継続して1年以上居住することを通常必要とする職業を有すること

②　その者が外国の国籍を有しまたは外国の法令によりその外国に永住する許可を受けており、かつ、その者が国内において生計を一にする配偶者その他の親族を有しないこと、その他国内におけるその者の職業および資産の有無等の状況に照らし、その者が再び国内に帰り、主として国内に居住するものと推測するに足りる事実がないこと

3　海外留学生および海外勤務者に対する住所の推定

①　海外留学生に対する住所の推定

所得税法における住所の推定上、学術、技芸の習得のため国内または国外に居住することとなった者については、その習得のために居住する期間その居住する地に職業を有するものとして上記の住所の推定を行うとされています（所基通3－2）。

したがって、海外に留学している者は、留学のための海外での居住期間が1年以上であれば、上記2②の①「国外において、継続して1年以上居住することを通常必要とする職業を有すること」となり、その者の住所は国外にあると推定されます。

②　海外勤務者に対する住所の推定

国内または国外において事業を営みもしくは職業に従事するため国内または国外に居住することとなった者は、その地における在留期間が契約等によりあらかじめ1年未満であることが明らかであると認められる場合を除いて、「国内または国外において、継続して1年以上居住することを通常必要とする職業を有すること」に該当するとされています（所基通3－3）。

したがって、海外勤務者については、海外における勤務期間が契約等によりあらかじめ１年未満である場合を除いて、その者の住所は国外にあると推定されます。

ポイント

●住所の取扱いは、相続税と似ているが、海外留学生に関する住所の推定の取扱いは異なる。

⑤ 非居住者の納税地

所得税法における納税地は、次の順番で定められています（所法15、所令54）。

① 日本に住所がある場合……その住所地

② 日本に居所がある場合……その居所地

③ 国内に恒久的施設（事務所、事業所等）がある場合……その事務所等の所在地。事務所等が２以上ある場合には主たるものの所在地

④ かつて日本において納税地とされていた住所または居所にその者の親族等が引き続き、またはその者に代わって居住している場合……その納税地とされていた住所または居所

⑤ 国内源泉所得（船舶または航空機の貸付による所得を除く）に係る対価を受ける場合……その国内源泉所得の対価に係る資産の所在地

⑥ 納税地を定められていた者が、上記①～⑤のいずれにも該当しないこととなった場合……その該当しないこととなった時の直前に納税地であった場所

⑦ 国に対し所得税の申告および請求等を行う場合……その者の選択した場所

⑧ 上記①～⑦のいずれにも該当しない場合……麹町税務署の管轄区域内の場所

Q

次の場合の、非居住者Ａの所得税の納税地はどのようになりますか。

・非居住者Ａ…家族全員でＸ国に居住
　　　　　　　日本の自宅は売却
　　　　　　　日本に賃貸用不動産を所有

A

非居住者Ａは、上記①～③の場合には該当せず、上記④「日本において納税地とされていた住所に親族等が居住」にも該当しませんので、それらの適用はなく、上記⑤「国内源泉所得の対価に係る資産の所在地」（＝賃貸用不動産の所在地）が所得税の納税地になります。

⑥ 非居住者の青色申告

非居住者についても、青色申告の承認申請により、青色申告による所得税の申告を行うことができます（所法143、144、166）。また、青色申告による申告をしていた者が年の途中から非居住者になったとしても、引き続き青色申告を行うことができます。

したがって、非居住者であっても、青色申告特別控除や、赤字が生じたときの純損失の繰越しと繰戻しなどの青色申告の特典を受けることができます。

⑦ 恒久的施設

1 恒久的施設「PE」とは

「恒久的施設」という用語は、一般的に、「PE」（Permanent Establishment）と略称されており、次の3つの種類に区分されています。

ただし、租税条約において異なる定めがある場合には、その条約の適用を受ける非居住者については、その条約において定められたものとします（所法２①八の四、所令１の２）。

① 事業所 PE……非居住者等の国内にある事業の管理を行う場所、支店、事務所、工場、作業場もしくは鉱山その他の天然資源を採取する場所またはその他事業を行う一定の場所

② 建設 PE……非居住者等の国内にある建設、据付けの工事またはこれらの指揮監督の役務の提供（以下「建設工事等」という）で１年を超えて行う場所

③ 代理人 PE……非居住者等が国内に置く代理人等で、その事業に関し、反復して契約を締結する権限を有し、または契約締結のために反復して主要な役割を果たす者等の一定の者（以下「契約締結代理人等」という）

※非居住者等の代理人等が、その事業に係る業務を、非居住者等に対し独立して行い、かつ、通常の方法により行う場合には、契約締結代理人等に含まれません。ただし、その代理人等が、専らまたは主として一または二以上の自己と特殊の関係にある者に代わって行動する場合は、この限りではありません（所令１の２⑦⑧⑨）。

2 国内賃貸物件は事業所 PE に該当するのか？

国内に所在する賃貸物件がある場合、それが事業所 PE に該当するかどうかについて私見を述べます。

事業所 PE は、「事業の管理を行う場所」ですから、「賃貸業の中心的な経営判断＝賃貸物件を取得し、賃貸を開始する」といった管理をする場所が事業所 PE に該当するものと思われます（賃貸物件に対する日々の清掃・修繕は作業であって、補助的・後発付随的な業務と考えます）。よって、その賃貸物件がある場所で事業の管理が行われる必然性はありませんので、その物件があるというだけで、その物件が PE に該当することはないと考えます。

ポイント

- 恒久的施設「PE」は、事業所PE、建設PE、代理人PEの３つ。
- 国内賃貸物件があるというだけで、事業所PEには該当しないものと考える。

⑧ 租税条約

1 租税条約とは

租税条約とは、国際間での二重課税の排除や脱税の防止などを目的として二国間で締結される条約です。正式名称は「所得に対する租税に関する二重課税の回避及び脱税の防止のための日本国と〇〇国との間の条約（協定)」といいます。

「所得に対する租税」としては、日本では所得税と法人税が該当します。条約によっては、地方税（住民税）が含まれる場合もあります。

日本は、2021年11月1日現在、81の条約を締結し、146か国の国や地域に適用されています。

2 租税条約と国内法が異なる場合

租税条約と国内法である所得税法の規定が異なる場合は、租税条約の規定が優先されます（憲法98②)。

3 租税条約による課税の制限

非居住者の居住している国と日本が租税条約を締結している場合は、日本に、その非居住者（租税条約の相手国の居住者）に対し、国内法である所得税法どおりの課税権があるのかを確認しなければなりません。

多くの国では自国の居住者には全世界で生じた所得について課税し、

■租税条約による課税の制限のイメージ

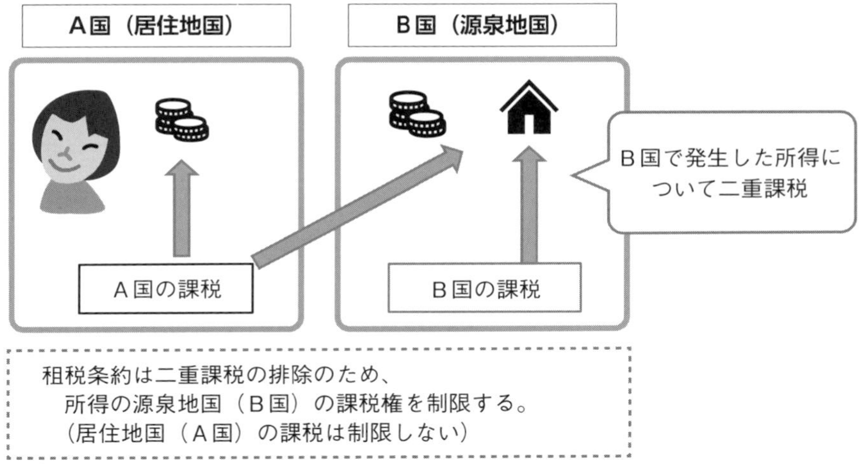

租税条約は二重課税の排除のため、
所得の源泉地国（B国）の課税権を制限する。
（居住地国（A国）の課税は制限しない）

非居住者については自国内で生じた所得についてのみ課税する仕組みを採用しています。日本も同様です。

例えば、A国の居住者が、A国とB国で所得を得ている場合、A国において「A国の所得とB国の所得」の両方が課税対象とされる一方、B国では「B国で発生した所得」が課税対象とされます。ここで「B国で発生した所得」は二重課税になります。

租税条約は、このB国（所得が生ずる国＝源泉地国）の課税権を制限することで二重課税をできるだけ排除しようとしています。A国（所得を受ける人が居住する国＝居住地国）の課税権を制限することは原則としてありません。これはセービング・クローズという原則で、自国の居住者に対する課税関係は、租税条約の影響を受けることはないという原則です。

よって、日本の所得税でも、日本の居住者に対する課税については租税条約の影響を受けませんが、非居住者に対する課税については租税条約により課税が制限されることがあります。

4 「配当、利子、使用料等の源泉徴収」租税条約による制限

配当、利子、使用料等の支払いを受ける非居住者が居住する国と、日本との間に租税条約が締結されている場合には、配当等に係る所得税の源泉徴収ついては、条約により免除、または軽減される場合があります。この減免を受けるためには、非居住者は、支払日の前日までに「租税条約に関する届出書」を支払者を経由してその支払者の納税地の所轄税務署長に提出をする必要があります（実施特例法3の2①他、実施特例規2他）。

ポイント

- 非居住者については、租税条約により日本の課税が制限されることがある。
- 非居住者が、租税条約による減免措置の適用を受けるときは、一定の届出書の提出が必要。

⑨ 非居住者が国内賃貸不動産を有する場合

1 国内不動産の賃貸収入に対する課税

日本が締結している租税条約では、不動産の賃貸収入につき、不動産の所在地国（源泉地国）である日本の課税権を認めています。

国内法である所得税法の取扱いでも、非居住者が国内に有する不動産の賃付けによる対価は、国内源泉所得に当たるとしています（所法161①七）。

よって、非居住者が取得する国内にある不動産の賃貸に係る所得については、所得税法のとおり所得税が課されます。

2 具体的な課税方法

① 源泉徴収

非居住者が受け取る国内不動産の賃貸収入からは、20.42％の所得税等が源泉徴収されます（所法212①、213①一）。ただし、個人が自分や親族の居住のために賃借する場合は、源泉徴収は行われません（所令328二）。

② 確定申告

非居住者の国内不動産の賃貸による所得は、それがPEに帰属する所得か否かにかかわらず、総合課税による確定申告が必要です（所法165）。

その際の、所得控除の適用は、雑損控除、寄附金控除、基礎控除の3つだけです。

源泉徴収された所得税は、確定申告で精算を行います。

ポイント

- 非居住者が国内にある不動産の賃料を受け取る場合は、確定申告が必要。
- 賃貸収入からは、受取時に20.42％の所得税等が源泉徴収される。
- 確定申告の際に適用できる所得控除は、雑損控除、寄附金控除、基礎控除の3つだけ。

⑩ 非居住者が国内賃貸用不動産を売却した場合

1 国内の土地・建物等の譲渡をした場合の課税対象

日本が締結している租税条約は、不動産の譲渡対価につきその不動産の所在地国（源泉地国）である日本の課税権を認めています。

国内法である所得税法の取扱いでも、非居住者が有する国内にある土地・建物等の譲渡による対価は、国内源泉所得に該当するとしています（所法161①三五）。

よって、非居住者が取得する国内にある不動産の譲渡に係る所得については、所得税法のとおり所得税が課されます。

2 具体的な課税方法

① 源泉徴収

非居住者が受け取る土地や建物等の譲渡対価からは、10.21％の所得税が源泉徴収されます。ただし、個人が自分や親族の居住のために1億円以下で購入する場合は、源泉徴収は行われません（所法161①三、五、212①、213①二、所令281の3）。

② 確定申告

非居住者の国内の土地・建物等の譲渡による所得は、確定申告が必要です。所得税法では、PEの有無にかかわらず、総合課税とされますが、居住者と同様に、租税特別措置法の適用により申告分離課税に変更されます（所法165①、措法31、32）。

所得控除の適用は、雑損控除、寄附金控除、基礎控除の3つだけです。

源泉徴収された所得税は、確定申告で精算を行います。

ポイント

- 非居住者が国内にある不動産の譲渡対価を受け取る場合は、確定申告が必要。
- 譲渡対価からは、受取時に10.21％の所得税が源泉徴収される。
- 土地建物の譲渡所得は、居住者と同様に、租税特別措置法により申告分離課税になる。
- 確定申告の際に適用できる所得控除は、雑損控除、寄附金控除、基礎控除の3つ。

⑪ 非居住者が株式等の譲渡をした場合

1 租税条約による課税の制限

非居住者が株式等を譲渡したことによる所得は、株式の内容により、租税条約により源泉地国（日本）の課税ができない場合があります。

よって、株式等の譲渡の場合は、必ず、その非居住者が居住者となっている国との租税条約の確認が必要です。

2 国内法（所得税法）の規定

租税条約で、日本に課税権がある場合には、国内法（所得税法）により課税対象となるかを確認します。

非居住者が株式等を譲渡したことによる所得が、所得税法の規定により、国内源泉所得に該当するときとは、次の①から⑥の譲渡による所得に限られています（所法161①三、164①、所令281）。

したがって、非居住者の株式等の譲渡による所得は課税されないケースがほとんどです。

① 買集めによる株式等の譲渡……同一銘柄の内国法人の株式等の買集めをし、その所有者である地位を利用して、その株式等をその内国法人もしくはその特殊関係者に対し、またはこれらの者もしくはその依頼する者のあっせんにより譲渡をすることによる所得

② 事業譲渡類似の株式等の譲渡……内国法人の特殊関係株主等である非居住者が行うその内国法人の一定の株式等の譲渡による所得

㈲ 「一定の株式等の譲渡」とは、次のイおよびロに掲げる要件を満たす場合の非居住者のその譲渡の日の属する年（以下「譲渡年」という）における次のロの株式または出資の譲渡をいいます。

イ　譲渡年以前３年以内のいずれかの時において、その内国法人の特殊関係株主等がその内国法人の発行済株式または出資の総数または総額

の25％以上に相当する数または金額の株式または出資を所有していたこと

ロ　譲渡年において、その非居住者を含むその内国法人の特殊関係株主等が最初にその内国法人の株式または出資の譲渡をする直前のその内国法人の発行済株式または出資の総数または総額の５％以上に相当する数または金額の株式または出資の譲渡をしたこと

③　税制適格ストックオプションの権利行使により取得した特定株式等の譲渡による所得

④　不動産関連法人の一定の株式の譲渡による所得

㈱１　「不動産関連法人」とは、株式の譲渡の日から起算して365日前の日からその譲渡の直前の時までの間のいずれかの時において、その有する資産の価額の総額のうちに、国内にある土地等やその有する資産の価額の総額のうちに国内にある土地等の価額の合計額の占める割合が50％以上である法人の株式など一定の資産の価額の合計額の占める割合が50％以上である法人をいいます。

㈱２　「一定の株式の譲渡」とは、次のイまたはロに掲げる株式または出資の譲渡をいいます。

イ　その譲渡の日の属する年の前年の12月31日において、その株式または出資（上場株式等に限る）に係る不動産関連法人の特殊関係株主等がその不動産関連法人の発行済株式または出資の総数または総額の５％を超える数または金額の株式または出資を有し、かつ、その株式または出資の譲渡をした者がその特殊関係株主等である場合のその譲渡

ロ　その譲渡の日の属する年の前年の12月31日において、その株式または出資（上場株式等を除く）に係る不動産関連法人の特殊関係株主等がその不動産関連法人の発行済株式等の総数または総額の100分の２を超える数または金額の株式または出資を有し、かつ、その株式または出資の譲渡をした者がその特殊関係株主等である場合のその譲渡

⑤　日本に滞在する間に行う内国法人の株式等の譲渡による所得（国税庁タックスアンサーNo.1936）
⑥　日本国内にあるゴルフ場の株式形態のゴルフ会員権の譲渡による所得

3 確定申告

株式等の譲渡所得が課税される場合は、確定申告が必要です（所法165①）。所得税法では、PE の有無にかかわらず総合課税とされますが、租税特別措置法により、申告分離課税に変更されます（上記⑥を除く）（措法37の10、37の11、37の12）。

ポイント

●租税条約により、非居住者の株式等の譲渡所得は、日本で課税できないケースがほとんどである。
●租税条約で課税権がある場合は、次は、国内法により課税対象となるかを確認するが、国内法でも課税されるケースは限定的。

⑫ 設例～非居住者が株式等の譲渡をした場合

・ドイツに居住する甲は、長年、法人Ａの株式を100％保有。
・法人Ａは、その保有する総資産の価額の総額のうちに、日本の不動産の価額の占める割合が80％。
・甲は、この度、法人Ａ株式を全て譲渡した。
　この場合、甲は日本で法人Ａ株式の譲渡所得に対して課税されますか。

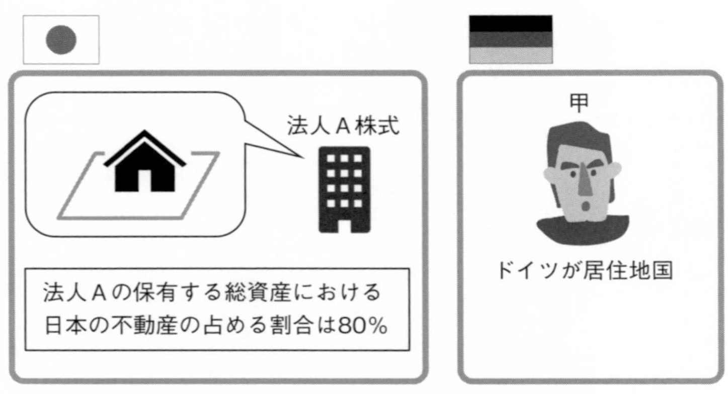

A

日本において、法人Ａ株式の譲渡所得に対して課税されます。

1 日・ドイツ租税協定の確認

日独租税協定の抜粋（※は設定に基づく筆者による加筆）

（第13条）譲渡収益

２項　一方の締約国（※ドイツ）の居住者が、法人（資産の価値の50％以上が不動産であって他方の締結国内（※日本）に存在するものにより構成される法人に限る。）の株式の譲渡によって取得する収益に対しては、当該他方の締約国（※日本）において租税を課することができる。

５項　１項から４項までに規定する財産以外の財産の譲渡から生ずる収益に対しては、譲渡者が居住者とされる締約国（※ドイツ）においてのみ租税を課することができる。

２項において、「その資産の価値の50％以上が不動産であって他方の締結国内（※日本）に存在するものにより構成される法人」の株式の譲渡によって取得する収益については、当該他方の締約国（※日本）で課税できるとしています（２項では居住地国（ドイツ）の課税については、触れていません。よって、ドイツで所得税が課税されるかは、ドイツの所得税法によります）。

5項においては、1項から4項以外の株式の譲渡所得は、居住地国（ドイツ）においてのみ課税できるとしていますので、日本では課税できません。

本問の場合は、2項の株式の譲渡に該当しますので、日本で課税することができます。

2 日本の所得税法の確認

国内法である所得税法では、設問の株式は第6章Ⅲ⑪2「④不動産関連法人の一定の株式の譲渡による所得」の「不動産関連法人の株式」に該当し、100％保有する株式をすべて譲渡したため「一定の株式の譲渡」にも該当します。

したがって、日本の所得税の課税対象となります。

☛　第6章Ⅲ⑪2「④　不動産関連法人の一定の株式の譲渡による所得」

3 結論

本問の場合は、1の租税条約で日本に課税権があり、2の国内法の所得税法によっても課税対象となるため、所得税が課税されます。

⑬ 非居住者の住民税

個人住民税は、1月1日に日本国内に住所を有する者に対し、前年の所得に基づき課税されます（地法24①、32①、39、294①、313①、318）。

非居住者は、国内源泉所得があって所得税が課税されても、日本国内に住所を有しないことから個人住民税は課税されません。また、居住者であった者が出国をし、出国した年中に生じた所得があっても、出国した翌年の1月1日には住所を有しないため、翌年の個人住民税は課税されません。

なお、個人住民税における住所の意義については、地方税法において特に規定されておらず、民法の定義を借用して理解されています。

索　引

し

せ

<参考文献>

・中田朋子ほか『世界の相続専門弁護士・税理士による国際相続とエステートプランニング』（税務経理協会）
・PwC 税理士法人編『国際資産税ガイド - 国外財産・海外移住・国際相続をめぐる税務』（大蔵財務協会）
・税理士法人山田 & パートナーズ編『国際相続の税務・手続 Q&A』（中央経済社）
・藤井恵『海外勤務者の税務と社会保険・給与 Q&A』（清文社）
・廣瀬壮一『個人の外国税額控除パーフェクトガイド』（中央経済社）

【著者紹介】

中山　史子（なかやま　ふみこ）
税理士
税理士法人ゆいアドバイザーズ社員税理士

埼玉県出身。明治大学商学部　卒業
平成12年　税理士試験合格。会計事務所勤務を経て、
平成14年　税理士法人タクトコンサルティング入社
令和４年　税理士法人ゆいアドバイザーズ入社
＜主な著作等＞
・「令和時代の必須スキル国際相続の基礎知識」（税理士新聞　令和元年～全20回連載（エヌピー通信社））
・『Ｑ＆Ａ海外に住む相続人がいる場合の相続税のポイント』（共著、日本法令2018年）
・『Ｑ＆Ａ国際相続の実務と国外転出時課税』（共著、日本法令2019年）
・『事業承継 実務全書』（共著（「第５章 組織再編成」担当）、日本法令2018年）

●税理士法人ゆいアドバイザーズ

相続・事業承継対策、資本政策、企業組織再編成、Ｍ＆Ａ、国際資産税、民事信託、不動産コンサルティング等の資産税分野及びそれらに係る税務申告を中心とした業務を行っているプロフェッショナルな専門家集団。

幅広いネットワークを持ち、公認会計士、弁護士、司法書士、不動産鑑定士等の職業専門家、さらに銀行・保険・証券等の金融機関、不動産会社など目的に応じて様々なメンバーが集結し問題解決に臨む。

ホームページ URL：https://www.yui-advisors.com/

はじめての国際相続　その着手と税務

2022年2月4日　発行

著　者　中山　史子 ©

発行者　小泉　定裕

発行所　株式会社 清文社
東京都千代田区内神田1－6－6（MIFビル）
〒101-0047　電話 03(6273)7946　FAX 03(3518)0299
大阪市北区天神橋2丁目北2－6（大和南森町ビル）
〒530-0041　電話 06(6135)4050　FAX 06(6135)4059
URL https://www.skattsei.co.jp/

■本書の内容に関するお問い合わせは編集部までFAX（03-3518-8864）またはe-mail（edit-e@skattsei.co.jp）でお願いします。

＊本書の追録情報等は、当社ホームページ（https://www.skattsei.co.jp）をご覧ください。

ISBN978-4-433-72921-9